优先股产品设计
及交易制度研究

YOUXIANGU CHANPIN SHEJI
JI JIAOYI ZHIDU YANJIU

杨洋 胡欣 著

西南财经大学出版社
Southwestern University of Finance & Economics Press

中国·成都

图书在版编目(CIP)数据

优先股产品设计及交易制度研究/杨洋,胡欣著.—成都:西南财经
大学出版社,2021.9
ISBN 978-7-5504-4970-1

Ⅰ.①优…　Ⅱ.①杨…②胡…　Ⅲ.①股票交易—研究—中国·
Ⅳ.①F832.51

中国版本图书馆 CIP 数据核字(2021)第 133938 号

优先股产品设计及交易制度研究

杨洋　胡欣　著

责任编辑:李晓嵩
封面设计:何东琳设计工作室
责任印制:朱曼丽

出版发行	西南财经大学出版社(四川省成都市光华村街55号)
网　　址	http://cbs.swufe.edu.cn
电子邮件	bookcj@swufe.edu.cn
邮政编码	610074
电　　话	028-87353785
照　　排	四川胜翔数码印务设计有限公司
印　　刷	四川五洲彩印有限责任公司
成品尺寸	170mm×240mm
印　　张	15.75
字　　数	251 千字
版　　次	2021 年 9 月第 1 版
印　　次	2021 年 9 月第 1 次印刷
书　　号	ISBN 978-7-5504-4970-1
定　　价	98.00 元

序：

从优先股诞生的历史说起

优先股因其优先的股息分配权和财产清算权而得名，是资本市场上除债券和普通股之外一个非常重要的证券品种。优先股最早出现于 19 世纪的英国，是铁路及运河公司为满足建设资金需求创造出的融资工具。1825 年，英国遭遇资本主义生产关系确立以来的第一次经济危机，股票价格下跌，信用关系遭到破坏，银行纷纷倒闭，几乎所有的行业都受到了沉重的打击。这场危机也影响到了铁路建设领域。铁路建设需要大量的资金，经济危机的发生导致英国的一些铁路公司缺乏资金，工程中途停顿，原有股东已无力再投资。经济危机期间普通股股价的猛烈下跌让公众失去了对普通股的兴趣，铁路公司很难再通过普通股融资。一方面，发行债券受债权融资比例的限制，英国议会规定发行债券的额度不得超过公司实收股本的1/3；另一方面，铁路公司又担心发行债券无法按时还本付息造成公

司破产。于是，铁路公司发行了一种附加优先权利的股票，投资人能在普通股分红之前获得相对固定的股息收入，在公司破产清算时优先于普通股获得剩余财产的清偿权，但表决权受到了限制。这样既保障了投资人对安全性的考虑，又规避了英国议会对发行债券额度的限制，也满足了融资方不失去项目控制权的要求。1829 年，英国议会批准了从爱丁堡（Edinburgh）到达尔基斯（Dalkeith）的铁路建设中发行年股息率为 5%、非累积但可以进一步参与剩余利润分配的优先股。此后，1829—1850 年，经英国议会批准而由公司发行的铁路优先股有 100 多只。优先股从此开始了在资本市场上近 200年的发展历程。

优先股起源于英国，成熟于美国。经过近 200 年的发展，美国形成了全球规模最大、发行企业数量最多、流动性最好的优先股发行和交易市场。优先股在金融业、房地产业、公共事业、能源行业等众多行业中发挥了重要的作用，成为美国资本市场重要的投融资工具之一。

我国的优先股也已有近百年历史。晚清"公司律"和民国"公司法"均有对优先股的规定。从清末到民国，铁路、造船、棉纺、公共事业以及金融业等都有发行优先股的案例。改革开放以来，伴随着企业的股份制改造，优先股也出现在金杯汽车、天目药业、深圳发展银行等上市公司之中。但是，不成熟的市场环境没有给予优先股更大的成长空间，优先股在 20 世纪 90 年代初仅"昙花一现"。

　　2013 年，国务院发布《国务院关于开展优先股试点的指导意见》，重启优先股试点，这反映了我国资本市场的不断完善。一方面，优先股作为股债结合的融资工具，不推高企业的资产负债率和杠杆率，发行条款设计灵活，便于满足融资方的需求；另一方面，优先股作为投资产品，具有收益相对固定，投资风险相对于普通股较小的特点，适合要求稳定回报和具有长期投资需求的机构投资者。因此，优先股能够满足部分融资方和投资者的投融资需求，成为我国资本市场新兴的投融资工具。

　　从优先股诞生和发展的历史可以看出，优先股融资具有"困境融资"的特点。普通股、债券、银行贷款等融资方式均要求企业的经营状况良好，而优先股却是企业在经营状况比较困难时采用的融资方式。对发行人来说，优先股股息率虽然高于债券利率且税后支付，但毕竟是股权融资，当期不支付股息不构成违约，或者有延期支付的选择。在当前资本市场"灰犀牛"和"黑天鹅"事件频发的环境下，优先股成为一个潜在的选项。

　　优先股产品的设计要注意优先股股东和普通股股东之间、普通股大股东和中小股东之间权益的平衡，降低优先股的发行成本和融资成本，控制发行风险。优先股的设计要灵活运用各类设计元素，如股息率、是否可赎回、是否可转换、是否可参与普通股利润分配以及表决权的限制与恢复等，满足投融资双方的需求。优先股的设计根据行业的不同、用途的不同和上市公司板块的不同而各有特点。

如何根据各类发行人的特点设计优先股产品，促进优先股一级市场和二级市场的繁荣，是本书要解决的主要问题。

未来，我国优先股还有较大的发展空间。而随着优先股等"股债结合融资方式"的发展，优先股将为证券公司带来新的业务和利润增长点，推动证券公司"大投行""大资管""大经纪"业务的发展。

期望谨以此书，贡献绵薄之力！

杨洋　胡欣

2021 年 1 月

目录 $\mathcal{M}$ULU

第一章
优先股概述

一、何为优先股？

根据优先股起源的案例，我们可以认为，优先股是指在利润分配和剩余财产清算方面有优先权，但参与公司管理的表决权受到限制的股票。《国务院关于开展优先股试点的指导意见》和《优先股试点管理办法》对优先股的定义如下：优先股是指依照公司法，在一般规定的普通种类股份之外，另行规定的其他种类股份，其股份持有人优先于普通股股东分配公司利润和剩余财产，但参与公司决策管理等权利受到限制。

优先股类股。优先股持有人是公司股东，一般不能要求公司返还股本，只能进行股份转让。但优先股和普通股又存在较大差异。优先股享有利润和剩余财产优先分配权，可优先领取股息，投资风险小于普通股。但是，优先股的其他权利受到一定限制，以对冲其所享有的优先权利。例如，优先股股东对公司经营管理没有表决权，但优先股可以设置赎回条款，普通股一般不会设置赎回条款等。

优先股类债。优先股可以和债券一样享有固定收益权，因此也和债券一起被归入"固定收益类证券"。但优先股又和债券有很大的不同。优先股本质上体现的是投资关系，而债券体现的是债务关系。优先股在盈余分配和剩余财产分配上位列普通股之前，但在债权人之后。这意味公司利润应首先被用于支付债权人的本金和利息，再支付优先股股息。当公司破产或解散进行清算时，公司剩余财产也应首先被用于偿还债务，再向优先股股东支付累积股息、偿还股本。

在债券的种类中，有一种债券和优先股异常相似，即永续债。永续债可以不设置到期日以及赎回、调息等灵活的产品设计，和优先股有异曲同工之妙。因此，永续债和优先股在做会计处理的时候被归结为同一类。财政部发布的《金融负债与权益工具的区分及相关会计处理规定》将优先股和永续债归为一类。优先股与永续债的会计处理应根据经济实质及合同约定而非仅以法律形式确定其归为权益工具或是金融负债。因此，优先股和永续债在会计上既有可能被归为权益类工具，也有可能被归为负债类工具。这就要看优先股和永续债具体的产品设计了。

综上所述，优先股既类股，又不同于普通股；既类债，又不属于普通债。因此，优先股是混合型的资本工具的一种，能够结合普通股和债券的优点，这也是优先股能够存在于资本市场的竞争优势所在。

二、优先股权利特征

（一）建立在普通股股权基础之上

优先股的权利需要普通股股权的支撑，建立在普通股股权的基础之上。优先股的某些权利得到了强化，某些权利却受到了限制。这些权利的调整都是建立在普通股股权基础之上的。没有优先股，普通股股权能够独立存在。但是，没有普通股，优先股的股权便不能确立。普通股的发行不依赖于优先股，但优先股的发行却依赖于普通股。

（二）具有股权和债权的双重特性

优先股的持有人是公司股东，公司发行优先股的对价形成公司资本。公司存续期间，优先股股东一般不能要求公司返还股本，只能进行股份转让。公司对股东支付的股息从税后利润中支付，不计入成本，不能进行税前扣减。优先股发行人可以设置赎回甚至回售条款，让优先股具有了一定的债权性质。优先股的股性大一些还是债性大一些，需要根据具体的产品设计来确定。如果是浮动股息率、股息不可累积、可转换为普通股和永久优先股，那么优先

股的股性就更强。如果是固定股息率、股息可累积、不可转换为普通股、设置了赎回和回售权，那么优先股的债性就更强。因此，优先股的权利具有股权和债权的双重特征，优先股也被归入混合类证券，成为股债结合融资方式的重要一环。

（三）权利取决于和普通股股东的约定

普通股的权利较多地来源于法律规范，但优先股的权利具有一定的特殊性和灵活性，法律只能在一般层面对其进行界定，具体的权利内容则取决于普通股股东和优先股股东之间的约定。优先股股东的权利和义务包括优先股股东的分红权的设计、剩余索取权的设计、表决权的限制和恢复等。优先股的股权必须通过董事会和股东大会的批准，在公司章程和招股说明书中进行明确。

（四）优先的分红权和剩余财产索取权

优先股一般具有优先分红权和剩余财产索取权，但经营管理的表决权受到了限制。

1. 收益相对固定

由于优先股股息率事先规定，因此优先股的股息一般不会根据公司经营情况而增减，除非特别规定，一般也不再参与公司普通股的分红。当然股息率的设计可以是完全固定的，也可以根据市场基准利率，如国债利率等进行定期调整，不过股息调整的规则是事先设计好的。

2. 先于普通股获得股息

公司可分配的利润先分给优先股股东，剩余部分再分给普通股股东，即在没有按规定给优先股股东分红之前，普通股股东没有分红的权利。

3. 清偿顺序先于普通股，次于债权人

公司一旦破产清算，剩余财产先分给债权人，再分给优先股股东，最后分给普通股股东。但与公司债权人不同，优先股股东不可以要求无法支付股息的公司进入破产程序，不能向法院提出企业重整、和解或破产清算申请。

（五）表决权的限制与恢复

优先股股东对公司日常经营管理的一般事项没有表决权，仅在股东大会表决与优先股股东自身利益直接相关的特定事项时才有投票权。例如，修改公司章程中有关优先股部分的内容、回购普通股以减少公司的注册资本、再次发行优先股、变更公司组织形式等。

如果发行人未按照公司章程或招股说明书的条款支付优先股股息和赎回优先股，或者未支付股息触发公司章程或招股说明书中恢复权利的条件，优先股股东对于公司经营管理权的投票表决权将得到恢复。投票表决权恢复的办法和计算规则在招股说明书中应有明确的说明。

三、优先股的种类

在近 200 年的发展过程中，优先股的各种创新功能和产品设计形态被陆续开发出来，发展出了可调整优先股和不可调整优先股、累积优先股和不可累积优先股、参与优先股和不可参与优先股、可赎回优先股和不可赎回优先股、可转换优先股和不可转换优先股等多种产品形态。各种产品形态相互组合，形成了多种多样的优先股产品设计方案。优先股还可以表现为与债券相关的收益优先权请求凭证、信托优先证券、优先股存托凭证等。

（一）可调整优先股和不可调整优先股

根据股息利率是否允许变动，优先股可以分为可调整优先股和不可调整优先股。不可调整优先股，即固定股息率优先股，是指发行后股息的支付比例不再变动的优先股。固定股息率优先股的利率风险相对较大。

可调整优先股是指在发行后，根据企业的实际情况，按规定调整股息率的优先股。这种优先股的特性在于股息率是浮动的。然而，股息率的变化却与公司自身的状况无关，而是随着市场环境的变化而变化的，如无风险利率的变化、汇率的变化等。可调整优先股的产生主要是为了应付复杂多变的金融市场、起伏不定的证券价格和上下波动的利率等情况的影响。可调整优先股既维护了持有人的利益，也有利于企业降低利率风险。

（二）累积优先股和不可累积优先股

根据优先股股息在当年未足额分配时，能否在下年度分配利润时进行补发的标准，优先股可以分为累积优先股和不可累积优先股。

累积优先股是指当期未发放的股息可以累积到下一期发放的优先股，其债性特征较强。例如，受经济周期、宏观政策、自身状况等因素的影响，在某些年度，企业的盈利状况可能欠佳，资金紧张，向优先股支付股息存在一定的困难。此时，企业可以决定将股息累积到下一年度支付，保障投资者的股息收益。

不可累积优先股是指优先股的股息在当期发放，当期未发放不可结转到下一期的优先股，其股性特征较强。如果发行人未支付股息触发优先股的权利恢复条款，优先股股东将和普通股股东一样享有企业经营管理的投票权。

（三）参与优先股和非参与优先股

根据优先股持有者能否在公司盈余较多的年份参与分配剩余利润，优先股可以分为参与优先股和非参与优先股。

参与优先股是指优先股的持有者除了按事先约定的固定利率收取股息，还能够与普通股股东一起分配剩余盈利的优先股。

非参与优先股的持有者除了按固定的利率获得股息外，不再享受盈利较多年份的企业剩余利润的分配。

（四）可转换优先股和不可转换优先股

根据优先股在一定的条件下能否转换为其他种类的证券，优先股可以分为可转换优先股和不可转换优先股。

可转换优先股是指在条件满足时，优先股持有者可以选择将其持有的优先股股票转换为其他种类证券的优先股。优先股是否可以被转换为普通股需要在招股说明书中明确。

不可转换优先股是指在发行后持有者不能将其转换为其他种类证券的优先股。这种优先股限制了投资者的转换权利，某种程度了减少了投资者的潜在收益。

（五）可赎回优先股和不可赎回优先股

根据发行的股票能否被原发行公司赎回，优先股可以分为可赎回优先股和不可赎回优先股。

可赎回优先股是指经过一定期间后，在满足事前约定的条件下，发行人按照赎回价格回购投资者持有的优先股。

不可赎回优先股是指发行后不能被赎回的优先股。这种优先股一旦发行，便不存在赎回的可能。

第二章
研究框架与文献回顾

一、研究的目标

（一）建立优先股投融资产品设计框架

优先股发行方案设计的目标是满足优先股发行人的融资需求和投资方的投资需求，包括融资规模、融资期限、资金用途、预期融资成本等，解决优先股融资过程中面临的困难和问题。这需要搞清楚优先股发行（融资）方案潜在的客户是谁，也就是了解哪些企业需要利用优先股这种资本工具进行融资，为什么企业会选择优先股进行融资？企业在融资中面临的困难和问题是什么？如何利用优先股的各种元素来进行产品设计？融资后的资金用途是什么，对发行人也就是融资方的股本结构、财务结构、利润分配会造成什么样的影响？

首先，我们要厘清我国优先股发行方案的设计思路、设计要素和风险管理措施，对我国历史上优先股发行案例的特点进行总结，根据企业的行业特点、资本结构、资金需求、盈利能力、控股股东以及是否上市等因素，合理使用期限结构、股息发放频率、是否累计股利、赎回和回售等设计条款，设计出适合的优先股发行方案。其次，我们要分行业、分功能、分板块对优先股发行设计进行研究，分析在特定的市场环境和政策环境下如何对优先股进行设计并成功发行。最后，我们要研究一个优先股发行设计的失败案例，总结产品设计的失败经验。

（二）完善优先股二级市场的交易机制

研究优先股交易制度的目标是提高优先股交易的便利程度，刺激优先股交易量的上升，增加优先股的流动性，管理优先股的流动性风险。优先股的交易制度的研究包含对现有制度的梳理，包括美国的优先股交易制度和我国

现有的优先股交易制度。我国的优先股交易制度和普通股交易制度有共同之处，也有较大差异。上海证券交易所和深圳证券交易所的优先股交易制度是竞价交易制度和协议转让制度的结合，"新三板"市场的优先股交易制度实行的是协议转让制度。随着我国优先股二级市场交易品种和投资者的不断增长，我们有必要研究优先股的做市交易制度、信用交易制度以及跨市场交易制度等，以促进优先股二级市场的发展和流动性的提升。

在优先股的交易制度下，我们还需要研究优先股的估值方法和交易策略以及风险控制措施等，为投资者投资优先股提供比较完整的分析框架。

（三）优化证券公司优先股业务布局

作为券商研究优先股的视角，研究优先股产品设计和交易制度的最终的目的是提高券商优先股产品的设计能力和设计水平，不断扩大优先股发行融资规模、优先股资产管理规模和优先股交易规模，获取更多的业务收入，为证券公司大投行、大资管和大经纪业务的发展做出贡献。因此，我们需要根据优先股一级市场和二级市场的发展状况，优先股发行和交易规模的成长空间，为券商优先股的业务布局提供有针对性的建议。

二、研究的逻辑

（一）优先股一级市场：投融资双方的博弈

优先股市场和普通股市场类似，也是由一级市场和二级市场构成的。优先股一级市场，即优先股的发行市场。在这个市场上投资者可以认购公司发行的优先股。通过优先股一级市场，发行人筹措到了公司所需资金，而投资人则购买了公司的优先股成为公司的优先股股东。

在优先股的一级市场，作为优先股发行人的融资方和优先股的投资方进行博弈。优先股的发行人希望尽可能以低成本发行优先股，并在股息累积、可参与分配、赎回和回售、可转换条款上尽可能获得优势地位。反过来，优先股的投资人希望尽可能获得更高的股息，并且股息的发放有足够的保障、股息可累积、参与剩余利润分配、具有回售权等。在发行人违约时，投资人有完备的权利救济的条款，包括经营管理表决权的恢复、偿债基金的设置、优先的剩余财产追索权等。

优先股一级市场上发行人和投资人的利益是相对的。例如，发行人希望降低股息率，投资人则希望提高股息率；发行人希望股息不可累积、投资人不可参与剩余利润分配，投资人则恰好相反。因此，优先股发行的成功与否在于发行人和投资人的利益博弈成败。只有发行人和投资人达成利益共同点，即满足投融资双方需求的时候，优先股才能顺利发行。

（二）优先股二级市场：投资者之间的博弈

优先股二级市场，即优先股流通市场。已发行的优先股一经上市或挂牌，就进入了二级市场。二级市场的主要功能在于有效地集中和分配资金，维持优先股的合理价格和交易自由。投资人根据自己的判断和需要买进与卖出股票，其交易价格由买卖双方来决定。

优先股二级市场投资者交易优先股的原因包括变现的需求、低买高卖盈利的需求，或者在一级市场申购不成功转而在二级市场购买等。优先股二级市场的价格是波动的，其影响因素很多，包括普通股股价、市场利率、投资者情绪等。虽然优先股的价格波动幅度相对普通股较小，但是相对于债券而言有较大的价格起伏幅度。作为交易双方，出售优先股的卖方希望以更高的价格成交，购入优先股的买方希望以更低的价格成交。优先股二级市场的运转就是交易的卖方和买方相互博弈的过程，形成了优先股的成交价格和成交数量，构成了优先股的流动性。

（三）产品设计是优先股一级市场投融资的关键

优先股一级市场成功发行的关键在于产品设计充分满足了投融资双方的需求。优先股的设计相对灵活，设计元素包括了股息率的高低、是否可累积、是否参与剩余利润分配、是否可赎回或回售、是否设计转换权等。优先股的设计是由保荐人根据发行人的需求来完成的，但是必须考虑相关利益方的权利，否则有可能导致发行失败。

优先股产品设计的实质就是股东之间权利的分配与平衡，包括利润分配的权利、剩余财产索取的权利、企业经营管理的权利等。通过各类设计要素在股东之间进行权利的分配，股东在某些方面获取了超常的利益，就要在另外的方面失去一些利益。优先股股东具有利润的优先分配权以及相对固定的利润分配额度，但失去的是经营管理的表决权。优先股在产品设计中还要考虑股东权利的保护，防止普通股股东侵害优先股股东的合法权利，如表决权恢复条款、偿债基金条款等；也要防止控股股东通过优先股转移利润侵害中小普通股股东的权利，如对优先股股息率以及转换为普通股的价格作出限制和规范等。

优先股具体的产品设计条款需要进行权利的平衡。例如，发行人希望以较低的股息率发行，就需要在股息累积、参与剩余分配等权利上作出让步，或者赋予投资人回售权、可转换权等。反之，如果股息率设计较高，那么在其他条款上就可以相对严格。总之，只有良好的符合市场需求的产品设计才能充分满足投融资双方的利益，保障优先股的成功发行。这要求优先股的保荐承销人具备较高的专业素养和市场经验。

（四）交易制度是优先股二级市场流动性的基石

优先股的交易必须在一定的规则下进行，良好的交易制度能够准确地捕获交易双方的成交意愿和成交条件，促进交易的达成。优先股的交易最初从零散的场外交易开始，发展到集中的证券市场场内交易，再发展到多种交易方式的结合。例如，美国纳斯达克市场的做市交易制度，让第三方成为交易的媒介，使优先股的交易在时空上具有了连贯性。因此，交易制度是保障优先股成交的基础。

我国的证券市场有着特殊性，优先股的交易制度必须在统一的证券市场框架下进行设计。我国现有的集中股票交易市场有三个，分别是上海证券交易所（以下简称"上交所"）、深圳证券交易所（以下简称"深交所"）和全国中小企业股转系统，还有散布在各地的股权交易中心。不同交易场所和不同品种的优先股所需要的交易制度是不一样的，比如公开发行的优先股只能在上交所和深交所采用集合竞价或大宗交易的方式进行交易，非公开发行的优先股需采用协议转让的方式进行。当前，我国优先股存量少、品种少、投资者门槛高，流动性较差，更需要对交易制度进行完善，以促进优先股二级市场的活跃和发展。

（五）优先股发行和交易需要相互促进

优先股一级市场和二级市场相互促进，共同发展。优先股一级市场发行的增长能够增加可供交易的优先股品种和数量，同时增加优先股股东，即潜在的交易对手方，促进二级市场扩容，有利于优先股交易或转让的增长，提高流动性。优先股二级市场的活跃也能推动一级市场的发展。优先股成交增长会促使优先股获得流动性溢价，提升优先股的估值，增加投资者的信心，使得投资者更多地在一级市场认购优先股，促进优先股的发行。

三、研究路径

（一）从国外经验到国内实践

优先股的研究需要从国外的经验研究开始，然后引入国内的实践研究。优先股起源于英国，成熟于美国，经过近 200 年的发展，市场规模庞大，发行企业众多，在金融、房地产、公共事业、能源等众多行业中发挥了重要的作用，如著名的富国银行、高盛集团、摩根大通等企业都发行了大量的优先股。优先股有成功的经验，也有失败的教训。在 1929—1933 年的经济大萧条期间，优先股和普通股一样价格暴跌，发行量持续多年下降，甚至有的优先股无人问津。优先股的发行企业也随着经济结构的变化而发生变化，从 19 世纪的铁路及运河建造企业，到工业制造企业，再到金融企业，优先股主要的发行人发生的变化也折射出经济结构和产业结构的变迁。

美国的优先股市场最为发达。本书分析了美国优先股产品设计的法律政策环境，包括优先股发行的法律规定、优先股投资的法律规定；梳理了美国优先股的发行市场和优先股的投资市场、美国优先股的发行人、发行规模以及融资用途，美国优先股的投资人、投资规模和投资收益率；对美国主要行业优先股发行（融资）的案例进行了研究，总结了美国优先股产品创新经验和案例以及对我国的启示。

我国的优先股市场的发展也有较长的历史，当前我国重新启动优先股的试点，一方面需要借鉴国外的发展经验，另一方面也要结合本国的市场实际，在产品设计和交易制度上将国外的经验和国内的实践相结合，促进我国优先股市场的发展。

（二）从一级市场到二级市场

优先股的研究需要从一级市场的发行开始，研究发行人的需求和投资人的需求，根据发行人的行业特征、财务状况和资金投向选择恰当的发行方式。优先股的研究需要广泛征求投资人的意见，根据市场利率情况和同期优先股的发行状况，合理设计优先股的发行条款，以满足投融资双方的需求。一级市场的产品设计研究完成后，进入二级市场交易机制的研究。优先股二级市场一方面要研究优先股的交易制度，包括交易制度的现状、存在的问题、完善的措施，另一方面要研究优先股的交易策略、估值方法和风险控制措施等。

（三）从监管政策到市场环境

优先股的发行和交易都在相应的政策环境下进行，我国初步建立了一整套的优先股监管文件制度，包括《国务院关于开展优先股试点的指导意见》《优先股试点管理办法》《中国保监会关于保险资金投资优先股有关事项的通知》《中国银保监会 中国证监会关于商业银行发行优先股补充一级资本的指导意见（修订)》等以及上交所、深交所和股转公司的业务实施细则。这些规章制度以及相关政策组成了优先股融资和投资的法律政策体系。因此，优先股发行的产品设计和交易机制研究应该在监管政策的框架下进行。

优先股的市场环境包括了优先股融资的市场环境和优先股投资的市场环境。优先股融资的市场环境包括优先股的发行人、发行规模、发行成本和融资用途等。优先股投资的市场环境包括优先股的投资人、投资交易规模和投资收益率等。优先股市场环境的研究还要对优先股和普通股、债券等作为投

资产品和融资产品进行比较，以分析它们在投融资市场的优劣势和适用性。市场环境对于优先股的设计和交易有很大的影响，比如无风险利率的下降意味着优先股股息设计也会下降，成交量的低迷需要增加优先股的流动性等。因此，优先股市场环境的研究对于产品设计和交易机制设计都具有重要的意义。

（四）从整体分析到个案研究

优先股的研究从市场整体开始，包括优先股一级市场的发行量、优先股发行人的行业分布、优先股投资人的类型、股息率的区间分布、资金的用途等。市场整体的分析是为优先股个体设计服务的。我们在整体分析后需要进行个案研究，包括单只优先股产品是如何设计的，如股息率的确定标准、可否累积、可否参与剩余利润分配、可否转换为普通股等具体的条款以及设计这些条款的原因。

优先股交易制度的研究也需要一个从宏观研究到微观研究的过程，从整个市场优先股的成交量和换手率分析开始，逐渐过渡到具体的交易对手方、成交的优先股品种、交易制度中存在的问题、完善的措施等。

综上所述，中国优先股产品设计和交易制度研究的路径如图1-1所示。

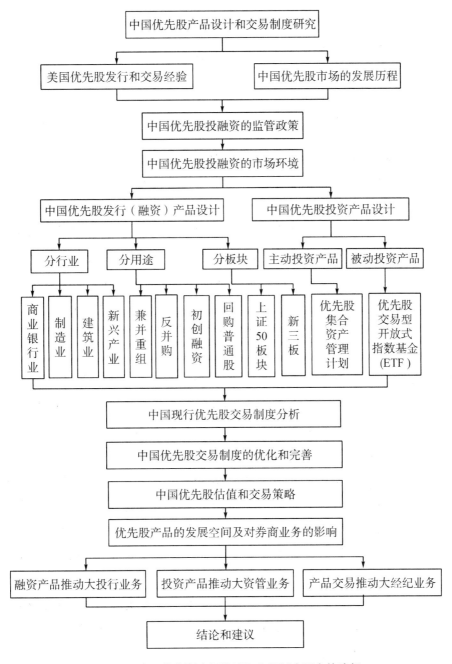

图 1-1 中国优先股产品设计和交易制度研究的路径

四、文献回顾

（一）国外优先股研究文献

国外对优先股融资研究起步较早，研究的层面比较宽泛，研究的问题比较深刻。关于优先股融资问题的研究，目前大体涉及以下几个方面的问题：

1. 优先股发行企业的特征

从各行业发行优先股的目的来看，公共事业类公司发行优先股为了获取长期资产并减少长期负债，同时也满足监管层对股权约束的监管要求。金融类及产业类公司则更多是为了促进企业间的兼并和重组（Houston，1990）。

从具体企业来看，迪安基洛和马苏利斯（DeAngelo & Masulis，1980）的研究表明，公司如果有较高的可抵减税的营业净损失或有较高的折旧费用，会倾向于利用可转换优先股进行融资。由于企业财务经营状况和公司治理结构情况的差异，高负债率、缺乏自由现金流、低利息保障倍数、未弥补亏损大的企业更愿意发行优先股（Jensen，1986；Lee & Figlewicz，1999；Huckins，1999；Ely 等，2002；PonSanz 等，2004）。发行优先股的企业往往具有较低的管理层持股比例、更大的董事会规模的特点（Howe & Lee，2004）。有研究者（Billingsley & Smith，1996；Lee & Figlewicz，1999；Lewis & Vervijmeren，2011）对 2000—2007 年发行的 814 个可转换证券样本进行研究后发现，陷入财务困境的公司更倾向于用可转换优先股进行融资。有研究者（Qian Wang，2012）运用 1986—2007 年优先股发行数据得知，在对优先股发行方式的选择上印证了信息不对称及代理冲突假说。当企业自身存在信息不对称程度比较高、代理成本比较大、运营风险比较高的时候，企业更愿意选择非公开发行优先股。以上研究说明海外可转换优先股普遍具有纾困融资的特征。

2. 优先股发行的成本

与其他的融资方式相比，由于企业各自具备的特点及属性不同，并且企业所承担的风险不同，因此企业优先股的发行成本也有差异。彼特等（Peter 等，1994）认为，通常负债比优先股更具有"税盾优势"，其成本低于优先股的成本。但在发行企业没有利润的情况下则"税盾优势"不复存在，负债的成本会高于优先股的成本。有研究者（Lee 等，1996）从信用等级的角度，利用调整后的信用等级分别对具有投资级别的直接发行优先股和直接发行债券进行总价差与总发行成本的比较，发现前者要明显大于后者。巴贾杰和玛祖达尔（Bajaj & Mazumdar，2002）对优先股、普通股和债券的总价差以及总发行成本进行研究后发现，优先股发行成本介于普通股发行成本和债券发行成本之间，可转换优先股发行成本大于可转换债券发行成本以及不可转换优先股发行成本。优先股信用评级、发行人信用评级、发行人所在的行业以及优先股发行规模均会对优先股的发行成本造成不同程度的影响。

3. 优先股发行产生的影响

皮尼格和丽斯（Pinegar & Lease，1986）发现，企业发行优先股置换普通股的交易宣布两天内，普通股股价有显著的正回报率，说明优先股的增发并没有对普通股估价造成不利的影响。林恩和皮尼格（Linn & Pinegar，1988）发现，增发优先股对企业普通股股价和优先股股价都没有使之显著下降的"鱼雷效应"，一定程度上说明优先股发行定价的合理性。哈维等（Harvey 等，2003）进一步发现优先股对于债权人的财富也产生了显著的正向影响。李和约翰逊（Lee & Johnson，2009）的研究也得出类似的结论。他们对1991—2000 年发行优先股的企业业绩进行检验后发现，在优先股发行当年，企业业绩持续下降，优先股发行后则存在业绩反转的现象。基姆和斯托克（Kim & Stock，2012）发现，2008 年金融危机期间，美国政府采用认购优先股救助大的金融机构对于已有的优先股股东产生了显著的财富效应。

然而，也有学者发现了不同的经验证据。菲尔德和韦伯（Field & Webb，1997）检验了金融企业发行优先股是否会产生普通股财富效应，然而并未发现显著的结果。艾尔温和罗森菲尔（Irvine & Rosenfell，2000）发现企业通过发行优先股替换债务对于普通股股价产生了显著的负向影响。

（二）国内优先股研究文献

我国优先股研究主要集中在优先股制度、企业应用等方面。

1. 关于优先股制度的研究

国内学者对优先股制度的研究，主要关注国外优先股制度的发展历程与实践经验的介绍以及我国引入优先股制度的重要意义。

马晓军（2004），李经纬、葛帮亮等（2014），马广奇、杨靖（2014）分别介绍了各国优先股的产生背景、发展历程、应用实践经验以及不同法系背景下的各国优先股制度演进过程，得出优先股各种形式源于当地经济发展以及资本市场需求的结论。黄宁（2013）以美国实践经验为例，探讨了正常和特殊经济周期下优先股所扮演的不同功能。曾智、朱玉杰等人（2014）对美国私募股权投资中优先股的设计思路以及"美国风险投资示范合同"中关于优先股各方面的详细规定进行了介绍。解学成（2007）研究了巴西优先股制度，该国公司法规定允许最高按股本 2/3 的比例发行优先股。陈明（2013）介绍了澳大利亚金融机构优先股以契约设计发行条款并以定期转股及损失吸收转股为补充，与《巴塞尔协议》标准契合度较高，并对发行者和投资者同时给予税务减免优惠。

伴随着我国优先股试点的开展，一些值得关注问题也随之出现。关于优先股属于权益工具还是金融负债的界定问题，高榴（2015）认为，优先股应以财政部发布的《金融负债与权益工具的区分及相关会计处理规定》的要求来判断是否满足权益工具条件为依据，并不能一味归类为权益工具。

随着《优先股试点管理办法》的发布，沈芳（2014）认为，试点范围明显较小，有偏向金融、证券、能源类上市公司的倾向，为了保证优先股市场的健康发展，必须扩大应用范围并保证优先股持续性供应和流动性。高晓丽（2014）认为，对优先股可转换条件的限制，会造成融资成本上升及无法优化资本结构的负面效应。康杰和张琦（2019）对优先股制度中存在的问题进行了分析，认为应适度放宽公开发行主体和类型限制，进一步完善付息和交易机制，稳步放开优先股的转股限制，提高优先股流动性。

2. 优先股制度在我国企业的应用

一些学者认为，目前国有企业股改上市所存在的"一股独大"问题仍然严重，导致公司治理结构不合理，缺乏有效的监督和约束机制，导致业绩不佳。将优先股制度引入并置换出部分国有股，将有利于完善外部监督机制并有效建立现代企业制度，提高公司治理水平，提升企业业绩（张良军，1997；孙培生，1994；冯小波和王烷尘，2001；刘益，2002；孔莹，2004）。刘辅华（1998）、赵志钢（2006）提出三种国有企业股改中引用优先股的模式：一是将其设置为累积参加优先股；二是赋予其一定条件下的表决权；三是规定其在国有企业中所占的比例。胡伟为和胡凯为（2014）提出，应按国有企业的不同类型采用不同的优先股制度。非竞争性国有企业不宜优先股权化，竞争型国有企业可以充分优先股权化，混合型国有企业应该部分优先股权化。

随着学界对优先股制度的研究热度上升，将其具体引入相关行业的研究也开始出现，尤其是将优先股制度引入到银行业一直为理论界与实务界所关注。有研究者通过对国外银行业优先股发行实践的成功经验介绍，提出我国银行业应借鉴之处及由此带来对股东权益、财务表现、融资效率及公司治理等方面的影响（谢婷、钟伟，2013）。并从银行业发展现状来探讨试行优先股的法律、经济、技术的可行性（李月娇，2014），及符合我国实情的发行方案及主要条款设置（杨海平、陈明，2014）。分析由此带来的补充资本金、增强抗风险能力、提升自身价值、提高公司治理水平等好处及可能存在的融资成本相对较高、对中小股东利益保护不到位、会计税务处理等方面的风险和问题（李波、单漫与，2009；安哲琳、李绩娜，2014；陈昌或、孙丛阳，2014）。

3. 优先股的利益博弈和股东权利保护

叶陶治（2008）、黄飞（2009）认为，优先股股东与中小股股东之间产生利益冲突的原因是优先股的优先性与公司章程的制定所造成的，但可以通过表决权制度设计、表决权复活与类别表决权、异议股东股份收买来等办法来解决。赵明志（2014）认为，优先股股东不参与公司运营，通常也不具有表决权，《中华人民共和国公司法》只对普通股股东规定了对企业的知情权，从而导致优先股股东知情权难以实现，因此应当在《中华人民共和国公司法》

中明确优先股股东对于公司运营和财务状况的权利，从而减少信息不对称造成的利益损害。朱元倩和巴曙松（2012）、陈远（2013）、李灿（2014）认为，一个完善健全的优先股制度是优先股市场健康发展的关键，更是广大优先股股东选择优先股投资的前提保证，优先股发行阶段的准入审核、交易过程、信息披露的监管对优先股股东保护起到至关重要的作用；同时，优先股制度应包括投资者保护以及民事诉讼和赔偿机制。

第三章
美国优先股市场发展经验和案例

一、美国优先股市场的发展历程

（一）首只铁路优先股发行：股息优先和议会授权

优先股最早出现在 1825 年前后的英国。当时，英国铁路及运河公司因缺乏资金，工程中途停工。原有股东不愿再投资，发行普通股无法吸引新的投资者，对外举债又恐将来无力负担按期必须偿付的利息与本金而破产，且受政府对债权融资比例的限制，铁路及运河公司发明了优先股这一创新的融资工具。优先股在美国也产生于其铁路发展起步阶段。19 世纪 30 年代，美国东部出现了第一次修铁路热潮。由于修建铁路所需的资金量过大，许多铁路在修建中途因资金短缺而停工。马里兰州的铁路及运河公司向州政府申请发行资本证券，以此筹集建设资金。

马里兰州议会经过激烈的辩论和多轮投票终于达成一致：两只铁路股票和三只运河股票的发行均被批准，但要求铁路公司保证连续 3 年支付每年 6% 的固定股息，且该股息的支付顺位在普通股之前（见表 3-1）。这一法案确立了优先股的法律地位，并被写入 1835 年的《马里兰州法》，这是优先股在美国的萌芽。1840—1850 年，由于发行普通股融资已经不具有吸引力，铁路公司采取了发行在盈余分配上更诱人的优先股的方法来募集资金。优先股不仅被广泛发行，而且已经在二级市场上交易。1850 年以后，由于优先股巨大的融资功能以及发行优先股的公司的成功示范，优先股被广泛运用在耗资巨大的交通等公用设施建设领域，在全球多个国家大型基础设施建设项目中都出现了发行优先股的案例。

表 3-1　美国马里兰州申请发行优先股的企业及融资金额　单位：美元

公司名称	融资金额
巴尔的摩与俄亥俄铁路公司（Baltimore and Ohio Railroad Co.）	3 000 000
切萨皮克与俄亥俄运河公司（Chesapeake and Ohio Canal Co.）	3 000 000
东岸铁路公司（Eastern Shore Railroad Co.）	1 000 000
马里兰运河公司（Maryland Canal Co.）	500 000
安纳波利斯和波洛马茨运河公司（Annapolis and Polomac Canal Co.）	500 000

这一时期的优先股发行有以下三个特点：

一是巨额资金需求成为发行优先股的重要动力。优先股融资首先在铁路建设中得到运用，以至于这一时期的优先股又可以被称为"铁路优先股"。

二是优先股不是用于设立公司，也不是用于公司正常的增资扩股，而是用于挽救公司的财务危机，以便完成公司的大型投资项目。

三是发行优先股需要经过特许。由于优先股发行于公司成立之后，拥有盈余分配权，为了保护普通股股东的利益，每一个公司发行优先股都需要州议会特别立法予以明确授权。

（二）工业优先股出现：表决权受到限制

早期的优先股，除了有分红优先权之外，一般设计有转换为普通股的条款。优先股除了用于基础设施建设融资，部分工业企业中（如采掘、冶金、纺织、农业设备生产等）也出现了工业优先股。工业优先股最早的案例是美国的新英格兰纺织公司（New England Worsted Company）。该公司创立于1837年，主要产品为毛纱和毛毯，普通股多次分红。1851年，该公司业绩下滑，决定发行5 500股优先股，每股50美元，每年8%的股息率，每半年发放一次。1852年，该公司实际发行了1 140股优先股。1853年7月、1854年1月和1854年7月，该公司的优先股三次派发4%的股息，普通股派发3%、3%和2%的股息。虽然该公司最终倒闭，但是该公司是工业优先股的首发公司。

工业企业发行优先股逐渐出现，一些公司（如 1853 年 Augusta Water Power Company、1857 年 New Jersey Zinc Company、1858 年 Cumberland Coal and Iron Company、1865 年 Mariposa Gold Company、1870 年 Quicksilver Miling Company、1872 年 Wyandotte Agricultural Company、1872 年 International Ocean Telegraph Company）相继发行了股利为 6%～15%不等的优先股。

此外，在 19 世纪末 20 世纪初美国第一次并购浪潮中，优先股作为一种有效的反并购手段而大行其道。这一时期优先股发展的特点在于从一种脱胎于普通股的临时性融资工具发展成为独立的股份类型。

优先股的发行不再需要州政府的专门授权，而成为一种普通的商事行为。1852 年以前，优先股的每一次发行都需要一个州法案专门的授权。但自 1852 年始，美国各个州先后立法，允许满足一定条件的企业发行优先股。这些条件有些与企业的行业相关，如铁路公司；有些则是关于借贷资格的条件，如有抵押权的公司。后来条件逐渐放宽到所有公司，只要获得一定比例股东的同意即可发行。

优先股与普通股的区别开始变得明显，并开始带有永久性的特征，已经初步具备了现代优先股的基本特征。早期的优先股与普通股除了盈余分配上优先顺位不同之外没有任何区别。大部分优先股在发行时即规定一段时间后（如铁路建成或部分建成），或者某条件满足后（如公司盈利达到某个指标），优先股自动转换为普通股。从 1850 开始，优先股的转换逐步以优先股股东的自愿为基础。优先股也逐步区别于普通股而发展成为独立的融资工具。这一时期发行的优先股和普通股一样拥有表决权，直到 1870 年《俄亥俄州公司法》规定优先股不具有表决权。之后无表决权的优先股日渐成为优先股的主流形式。

（三）优先股股东权利保护：累积、非参与和可赎回条款设计

优先股的发展在 20 世纪初，尤其是第一次世界大战以后，进入了史无前例的发展黄金期，优先股的发行量逐年攀升。1928 年，优先股的发行总金额

占到所有证券的发行总金额的 20%。但在 20 世纪 30 年代的大萧条期间，陷
入财务危机中的公司侵害优先股股东的盈余分配权的事件不断上演，优先股
股东损失惨重，导致人们认为优先股混合了股票和债券的缺点而非优点。但
格雷厄姆在《聪明的投资者》一书中写到，二级债券和优先股具有两种互相
矛盾的性质，对此聪明的投资者必须牢记在心：一方面，当市场不景气时，
几乎所有的品种都会遭到损失；另一方面，一旦市场形势好转，这些证券出
现巨大的反弹，最终的结果还算不错。即使一些多年不派发红利的优先股也
是这样。20 世纪 40 年代初，由于此前 20 世纪 30 年代的长期萧条，这样的证
券比比皆是。在第二次世界大战后 1945—1947 年的繁荣时期，优先股累积的
巨额欠息大都以现金或新发证券的形式弥补了，投资者的本金也大都收回。
结果，在此前不久，那些当优先股价格低廉且无人问津时买进此类证券的投
资者，都获得了巨大的收益。

1929—1933 年的资本主义世界经济危机过后，从 1935 年开始，优先股融
资占美国证券融资的比重开始上升。1935—1939 年，在美国证券交易委员会
（SEC）注册发行优先股的金额占证券融资金额的比重为 8.6%。到了 1945—
1949 年，这个比重上升到了 13.7%（见表 3-2）。

表 3-2　大萧条后美国优先股发行情况

时间	SEC 注册优先股		现金认购方式发行的优先股	
	金额 /亿美元	占证券融资 金额比重/%	金额 /亿美元	占证券融资 金额比重/%
1935—1939 年	10.03	8.6	9.04	7.2
1940—1944 年	8.12	12	8.51	8.7
1945—1949 年	30.47	13.7	35.27	11

在保护优先股股东权利的背景下，优先股合同的条款得以不断模式化和
规范化，可累积、非参加、可回赎的优先股成为这一时期发行的优先股的主
要形式。大部分优先股不可转化为普通股，且都被赋予在特定情况下的表决
权以保护优先股股东的利益。1946—1950 年，美国发行了 72 只优先股，制造

业和供电、水、热、气等公共事业的发行量最大，分别为 34 只和 21 只。72 只优先股全部可累积、可赎回并有清算优先权。71 只优先股都不可参与普通股股东利润分配，21 只优先股可转换为普通股（见表 3-3）。

表 3-3　1946—1950 年美国各行业优先股发行与条款设计情况

单位：只

行业	发行数量	可累积	可参与	可转换	优先清算	可赎回
制造业	34	34	0	11	34	34
商品销售业	11	11	0	6	11	11
公共事业	21	21	1	2	21	21
运输业	3	3	0	2	3	3
金融业	3	3	0	0	3	3
合计	72	72	1	21	72	72

为了保证企业有足够的资金用于赎回已发行的优先股，"偿债基金"（sinking fund）条款在优先股合同中也很普遍。在司法领域，法官在审理优先股股东提起的侵权诉讼中开始逐步转变过去只通过章程、股东证书、发行合同等优先股合同来解释优先权的司法态度，转而开始寻求信义义务对优先股股东的保护。立法机关、司法机关、投资者和公司的共同努力使优先股制度在这一时期得到巩固和完善。

（四）优先股的创新运用：风险投资、并购和反并购设计

1. 优先股作为风险投资工具的运用

第二次世界大战以后，优先股的衍生权利设计不断丰富，在风险投资市场得到了大量的运用。1955 年 5 月，美国麦克莱恩工业公司（Mclean Industries Inc）收购瓦特曼轮船集团（Waterman Steamship Corporation），麦克莱恩工业公司借款 4 200 万美元，并通过优先股融资 700 万美元用于完成收购。麦克莱恩工业公司用瓦特曼轮船集团账上的 2 000 万美元偿还了部分债

务，并且在刚刚完成瓦特曼轮船集团的董事会换届选举后，就开会向麦克莱恩工业公司支付了 2 000 万美元的股息。这是杠杆收购的第一个案例，也是优先股成为风险投资工具的第一个案例。

20 世纪 60 至 70 年代，在电子、医药和数据处理等领域的风险投资越来越多地运用了优先股模式。20 世纪 80 年代，伴随着风险投资的增长，美国迎来了优先股发展的高潮。美国风险投资的实证研究表明，95% 以上的风险投资项目运用了可转换优先股。优先股在风险投资中的运用，源于其平衡了创业企业和风险投资机构之间的利益平衡，并以可转换为普通股的形式提供了退出的通道。这一时期，部分新型优先股在公司实践中被设计出来。这些新型优先股类型呈现出明显的避税目的和分散投资风险的目的。例如，信托优先证券（trust preferred securities）、按月支付优先股（monthly income payment stock，MIPS）等。

在美国，典型的创业投资操作过程所需要的全部协议文本包括投资条款清单、A 序列优先股购买协议、公司章程、示范补偿协议、投资者权利协议、管理权证书格式文本、优先购买权和共同销售权协议以及投票协议。在这些法律文件中，大部分文件都将涉及优先股。在最早的投资条款清单中，一般会约定普通股与优先股的适用对象。普通股的适用对象为创始人和员工持股，对于投资者则基本上采用优先股。

美国风险投资协会（National Venture Capital Association，NVCA）起草的《美国风险投资示范合同》多处体现了优先股的制度安排。合同双方往往约定优先股的转换权、赎回权和共同出售权。风险投资机构有权在约定情形出现时，选择将优先股按照事先约定的比例转换为普通股。在创业企业经营良好时，投资者通常选择创业企业首次公开募股（IPO）时将优先股转换为普通股，以实现投资利益。如果创业企业经营不佳，投资者会提前将优先股转化为普通股，尽快获得对创业企业的一般表决权，加强对其控制，甚至通过更换经理人来改善经营状况，最大限度保障投资安全。实践中，投资者一般使用"结构性反稀释"和"加权平均反稀释"条款保证转换权实现，防止创业企业家通过普通股股份拆分、送股分红，低价增发新股等方式损害可转换优

先股的比例和经济利益。

从 20 世纪 90 年代开始,由于联邦和各州税法对债权融资的鼓励,传统优先股对投资者的吸引力降低。1990 年,优先股市场总额为 530 亿美元。相比之下,当年中期票据的发行额就达 410 亿美元。制造业从发行优先股的主体中退出,而金融业和房地产业逐渐成为发行优先股的主要行业。

2. 优先股作为反并购工具的运用

"毒丸计划"(poisonpills)由美国著名的并购律师马丁·利普顿于 1982 年发明,正式名称为"股权摊薄反收购措施",指的是目标公司授予股东特定的优先权利,如以优惠价格购买目标公司股票或按优惠条件将手中的优先股转换为普通股,并以出现特定情形(典型的是恶意收购方获取目标公司股份达到一定比例)为该权利的行使条件,一经触发,剧增的股份数额将大大增加收购成本。"毒丸计划"实施的目标如表 3-4 所示。

表 3-4 "毒丸计划"实施的目标

序号	"毒丸计划"对恶意收购方可能造成的影响
1	收购方被迫从目标公司股东手中以等于或高于市场价格的价格购买目标公司股份
2	目标公司股份持有人取得将目标公司股份以溢价方式从目标公司换得现金或其他证券的权利(收购方一般不得参与这种交换)
3	目标公司股份持有人取得以低于市场价格的价格购买目标公司股份的权利(收购方一般被排除在外)
4	收购方必须以低于市场价格的价格向目标公司股东出售其公司股份
5	收购方与目标公司其他股东相比实质性丧失其股份的投票权

"毒丸计划"从本质上来讲是一种负向重组方式。董事会启动"毒丸计划",通过股本结构重组,降低收购方的持股比例或表决权比例,或者增加收购成本以降低公司对收购者的吸引力,达到反收购的效果。"毒丸计划"有助于抑制敌意收购,是公司内部多种防御策略中最为有效的方法之一。1985 年的"莫瑞公司与国际家居公司"(Moran VS Household International, Inc.)一案中,"毒丸计划"首次获得法院支持,之后成为最通用的反收购措施。

可转换优先股则是"毒丸计划"中非常重要的工具。优先股计划（pre-ferred stock plans）又称"第一代毒丸计划"（first-generation poison pills），最初在1982年被著名并购律师马丁·利普顿用于协助艾尔帕索电力公司（El Paso Electric）抵御来自美国通用石油公司（General American Oil）的要约收购。1983年，马丁·利普顿又将该计划用于布朗弗曼公司（Brown Foreman）对雷克诺斯（Lenox）的收购战中。根据该计划，公司以红利形式向其普通股股东发行可转换优先股，每股优先股享有一份表决权，其股息略高于转换后的普通股红利。发行公司只有在一个较长时期（比如15年）之后才能赎回优先股。在外来者累积了大量（比如20%）有表决权股份的情况下，优先股股东可以行使其特别权利：第一，除大股东以外的优先股股东可以要求公司以大股东在过去一年购买公司普通股或优先股所支付的最高价格用现金形式回购其优先股；第二，如果收购者与公司合并优先股可以转换成收购者的有表决权证券，而且其市场价值不得低于第一种情形中的赎回价格。只有在不存在上述大股东的情况下，发行公司董事会才可以变更这些权利。这样董事会可以借此就善意要约收购与尚未达到临界点的潜在收购者谈判。如果存在上述大股东，对优先股条款的变更就需要得到绝对多数优先股股东的表决批准。

3. 优先股作为反危机的注资工具（2008年）

2008年国际金融危机让优先股作为一种特殊的注资方式成为实施金融救援计划的主要金融工具，对稳定金融市场发挥了重要作用。国际金融危机爆发以后，西方主要国家的一些金融机构陷入严重的财务危机，资本市场股价暴跌，一些国际著名投行如贝尔斯登公司和雷曼兄弟公司破产，美林证券被收购，整个美国金融业遭受到了6 350亿美元的坏账损失。飙升的借贷成本导致金融机构难以进行债务融资，股价大跌又使得这些金融机构难以进行股权融资。在此时刻，优先股的优势就体现了出来，成为危机企业融资的首要工具。2008年9月23日，巴菲特宣布购入高盛集团50亿美元永久性可转换优先股，每年的股息率为10%，转换为普通股的价格为115美元。2008年10月14日，美国政府宣布动用2 500亿美元购买优先股，向美洲银行、花旗银行、摩根大通、摩根士坦利、高盛集团、美林证券、富国银行、纽约银行和道富

银行九家金融机构注资。

对政府而言，采取优先股而非普通股的方式向金融机构注资，既可以使政府获取稳定收益，又不至于干涉企业的经营管理，在拯救企业的同时，保留了企业的市场主体地位，从而避免了国有化可能带来的负面影响。

4. 优先股作为并购重组支付工具的情况

美国市场已发展出超过多种细分的并购重组交易工具，包括普通股、普通债、优先股、可转债、或有负债、认股权证、美国存托凭证（ADR）、抵押债券（mortgage bond）等。2008—2013 年，美国普通股、普通债仍然是最为普遍使用的交易工具。作为混合支付中除普通股、普通债之外的补充交易工具，优先股相较于可转债与认股权证，被使用的频率更高，共被使用了 155次（见表 3-5）。

表 3-5　2008—2013 年美国并购重组交易支付工具　　　　单位：次

年份	普通股	普通债	优先股	可转债	认股权证
2008	583	119	22	16	9
2009	553	147	27	13	18
2010	463	172	31	6	16
2011	543	207	17	21	11
2012	403	146	34	6	4
2013	382	117	24	4	5
合计	2 927	908	155	66	63

优先股作为支付工具运用的 155 次案例中，收购方企业的行业分布比较集中，主要分布在金融行业、高科技行业、能源与动力行业以及消费者产品与服务行业等（见表 3-6），分别占 155 次并购重组交易的 22.6%、14.8%、13.5% 和 9.7%。

表 3-6　2008—2013 美国收购方行业分布情况　　　　单位：次

宏观行业分类	年份						合计
	2008	2009	2010	2011	2012	2013	
消费者产品与服务业	1	2	2	3	4	3	15
金融行业	7	10	8	1	6	3	35
能源与动力行业	3	3	0	4	8	3	21
高科技行业	4	3	5	3	6	2	23
房地产行业	2	0	0	2	0	4	8
医疗行业	1	2	4	0	4	1	12
工业	2	4	0	0	4	2	12
媒体娱乐行业	1	0	4	2	1	1	9
电信业	1	0	2	0	0	2	5
原材料行业	0	3	4	1	0	0	8
日用消费品行业	0	0	2	1	1	3	7
合计	22	27	31	17	34	24	155

二、美国优先股一级市场发行制度

（一）发行方式的选择

美国优先股的发行方式有两种：公募发行和私募发行。发行人要根据自身状况、经济环境、货币供给等情况来选择恰当的发行方式。发行人的自身状况包括发行人所处的发展阶段以及当时的财务状况。发行人处于发展阶段的初创期，一般选择私募发行；处于成长期，一般选择公募或私募发行；处

33

于成熟期，一般选择公募发行；发展阶段处于衰退期，一般选择私募发行。

公募发行的优先股面向不特定的投资者，发行难度较大，因此会由多家投资银行进行联合承销。因此，公募发行的发行成本较高。美国公募发行的优先股发行费用一般为发行金额的 1%~3%。公募发行的优先股流动性较好，市场参与者众多，交易比较活跃。

私募发行的优先股面向特定的投资者，一般为实力雄厚的投资基金、政府机构、产业基金等。私募发行的优先股的产品设计更加灵活，因为投资者较少，双方可以经过直接的谈判达成协议，而无需通过承销团的保荐发行。私募发行的优先股的发行难度较低，和投资人的协议达成后，就不存在发行失败的风险。私募发行的优先股的流动较差，投资人一般选择长期持有。私募发行的优先股的退出方式一般有三种：一是通过协议转让的方式退出，二是通过转换为普通股的方式退出，三是通过发行人回购的方式退出。

（二）发行和注册流程

优先股可以公募或私募发行，主要区别在于发行对象。公募发行的对象是不特定的投资者，私募发行的对象是特定的投资者。公募发行必须聘请投资银行作为保荐人，私募发行可以没有保荐人。公募发行会选择在交易所上市或在场外市场挂牌，私募发行一般不会公开交易。

优先股的发行需要董事会就公司发行优先股作出决议，并提请股东大会批准。董事会还应提出一份公司章程的修正案，按照发行优先股的要求修改公司章程，明确优先股股东的权利。例如，美国纽约州《商事公司法》第502 条就"发行不同种类、不同系列的优先股"的规定如下：公司应当根据公司章程发行优先股，只有在公司章程对此做出相关的规定后，公司才可以发行优先股。股东大会应以 2/3 以上的多数来通过公司发行优先股的决定以及修改公司章程的决定。

公司股东大会通过发行优先股以及修改公司章程的决定后，需向所在州政府提交备案文件。例如，纽约州《商事公司法》规定，每个公司在发行、增加或减少优先股股份时，应向州政府提交相关的公司章程修正案，并且只有在向州政府提交章程修正案之后，此章程修正案才能生效。加利福尼亚州《公司法》规定，如果公司章程对发行优先股没有具体规定，公司董事会可在公司章程授权范围内，自行决定发行优先股并且对优先股的具体权利进行规定。但是，公司必须向州政府提交相关文件备案，包括董事会决议、拟发行的优先股数量及系列、从未发行过此类或此系列优先股的证明等。从以上两个州的公司法可以看出，美国发行优先股强调公司章程的重要性，只有公司章程备案之后，才能发行优先股。

在备案程序完成以后，优先股发行需要进行以下流程：一是在指定的媒体上刊登招股说明书，向不特定人征询购买意向；二是进行招募的路演，推介该只优先股；三是接受机构投资者和个人投资者的认购申请并进行配售；四是承销人向发行人交付募集股金；五是进行股份登记。优先股的公募发行和普通股有一点不同，即无需经过询价环节。优先股发行人和保荐人自行确定优先股票面金额和股息率。

在发行过程中，优先股定价是一个重要的环节，包括面值和股息率的确定。美国优先股的面值没有确定的数值，一般是 5 美元的整数倍，如每股 10 美元、15 美元、20 美元、25 美元。优先股股息率的确定需要考虑投资者期待的投资回报率和市场利率。股息率一般高于同时期评价相同的公司债利率，股息率过低，发行会遇到困难；股息率过高，会增加企业的融资成本。因此，公司与投资者之间的谈判和博弈就非常重要，投资银行的重要职能就是能协调发行人和投资者直接的博弈关系，对优先股进行准确定价。

美国优先股选择公募发行，那么就要履行注册程序。优先股发行和上市的注册程序与普通股基本相同，实行联邦与州双重注册，即新股发行既要经过联邦层面也就是 SEC 的注册审核，还要经过各州证券监管部门的注册。SEC 宣布注册文件生效后，发行人可以向全国性的证券交易所申请上市。上市是发行人和证券交易所之间的自由选择，交易所根据各自的上市条件对其进行规模、盈利能力等方面的审核，决定是否允许其上市。

（三）发行的主要文件

不论采用何种发行方式，发行优先股都需要准备一整套文件，主要包括招股说明书、购买协议、公司章程修订本、投资者权利协议等。在优先股发行所准备的一系列文件中，最关键的是招股说明书或购买协议以及公司章程修订本。招股说明书被视为发行要约，是公司方面就优先股发行所做的承诺，主要包括优先股的种类，公司经营状况、财务状况等的陈述，公司和购买者权利和义务的界定等。公司章程修订文本主要将本次优先股发行的种类、数量和投资者权利写入公司章程，以保护投资者权利。

1. 招股说明书

美国优先股招股说明书一般分为两部分，一部分是招股说明书补充材料（prospectus supplement），用来说明此次优先股发行的特殊的部分。另一部分是一般的招股说明书（prospectus），是发行人向 SEC 备案登记表的一部分，用于"储架发行"的注册。招股说明书补充材料如下：

（1）前瞻性声明（forward-looking statements），主要说明此次优先股发行的基本情况。

（2）产品概览（summary）。

（3）风险要素（risk factors）。

（4）资金用途（use of proceeds）。

（5）优先股说明（description of preference shares），这是最重要和详细的部分。

（6）税收安排（tax considerations）。

（7）资本和负债（capitalization and indebtedness）。

（8）包销安排（underwriting）。

（9）证券有效期等。

每只优先股的招股说明书略有差异，但总体说来应包括以上的内容。

2. 购买协议

以《美国风险投资协会 A 系列优先股购买协议（2007 年更新版本）》为

例，优先股购买协议的主要条款如下：

（1）优先股的购买和出售。主要包括 A 系列优先股发售的价格、数量以及首次交割与再次交割的具体办法和要求。

（2）公司的陈述和保证。这部分主要解决投资者投资的安全性问题。其主要内容是公司向投资者陈述公司及其业务的相关情况，并保证内容真实、准确、完整。

（3）创始人的陈述与保证。每个公司的创始人要在交割时单独向每个投资者作出相关担保，提供进一步的信用保障。

（4）购买者的陈述与保证。这部分从意思自治的原则出发，购买者作出相关承诺以保证履约。其主要内容包括授权、购买目的、独立决策购买等保证。

（5）购买者交割时承担义务的条件。为进一步保护投资者利益，除非投资者放弃相关权利，否则投资者在交割时履行相应义务需满足一定的前提条件。

（6）在交割时公司承担义务的条件。这部分要求与交易相关的公司程序以及附带文件均在交割前完成。各购买者已经收到的这些文件是经过认证的正本或合理要求的其他副本。

《美国风险投资协会 A 系列优先股购买协议（2007 年更新版本）》除第一部分外，其他部分并不直接涉及优先股。关于优先股的股息、转换、赎回、表决权等有的在协议中提出，有的体现在招股说明书中。因此，购买协议主要是解决发行人与投资人的信用问题，确保投融资活动安全有序。

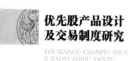

三、美国优先股一级市场发行人

（一）发行人类型

美国优先股的发行人可以是上市公司，也可以是非上市公司。美国上市公司主要是在纽约证券交易所、美国证券交易所上市的公司以及在纳斯达克市场以及其他场外交易市场（OTC 市场）挂牌的公司。美国发行优先股的非上市公司大部分是成长型公司，主要发行的是可转换优先股进行初期融资，发行对象是风险投资基金或股权投资基金。对于非上市的中小公司，优先股具有降低信息不对称、降低投资风险、增加优先股吸引力的特征。优先股同时也是高风险偏好的风险投资公司控制自身风险的一种手段。

历史上，铁路及运河建设公司、公用事业机构以及工业企业都曾经是优先股的主要发行人，占据了每年发行额的半数以上。但从 1985 年开始，主要发行人变成以金融业为导向的公司，如财务公司、银行、储蓄机构和保险公司。2013 年，美国公开发行上市交易的 456 只优先股中，金融类优先股有 214 只，占比接近一半，但其市值占比达 79%。其次是房地产行业，上市的优先股有 175 只，占上市优先股总数的 38%，其市值占比为 13%，相比金融类优先股，房地产行业发行的优先股规模相对较小。另外，发行优先股的行业主要为公用事业、能源行业，发行数量占比在 5% 左右。其他行业如医疗、采掘、交通以及制造业等，均只有个别企业发行优先股（见表 3-7）。

表 3-7 美国优先股发行人的行业分布

行业	数量/只	占比/%	市值占比/%
金融业	214	47	79
银行	28	6	12
保险公司	4	1	1
封闭基金	38	8	1
其他金融企业	144	32	65
房地产行业	175	38	13
房地产企业	142	31	11
房地产信托基金	33	7	2
公用事业	27	6	3
能源行业	20	4	1
其他	20	4	4
合计	456	100①	100

（二）发行动机和融资用途

企业选择发行优先股的原因有以下几类：

一是增强企业负债能力并可以创造出更多的投资机会，以便解决众所周知的由于债务导致的一个代理难题——投资不足的问题。同时，暂不发放优先股股息可以缓解现金流短缺，提升自身负债水平，降低了财务风险和破产风险（Titman，1984；Nance，Smith & Smithson，1993）。此外，根据《巴塞尔协议》，银行业也可以利用发行优先股满足监管部门最低资本充足率的要求和作为调节核心资本与补充资本之间的调节工具。

二是顺应相关税法法律的改革，如美国 1986 年税制改革及美国跨国公司税法税收抵免等（Callahan 等，2001）；享受税收优惠减免，如发行信托优先股（trust preferred stock，TPS）。与传统优先股相比，信托优先股的股利可以在税前扣除。与发行债务相比，发行优先股的公司会承担股利支付的税收抵

---

① 合计数四舍五入，全书同。

免损失。但是美国税法关于"所收股息的扣除规则"中规定公司投资者收到的股息，可以有 70% 从公司应纳税所得额中扣除，而利息则没有这方面的优惠规定（Fooladi & Roberts，1986）。1981—1987 年，工业公司和金融公司分别占据了优先股发行样本的 60% 和 30%，公用事业公司占比为 10%。与市场平均水平相比，发行优先股的公司具有显著更低的税率，而投资优先股的公司则具有显著更高的税率（Houston，1990）。恩格尔等（Engel et al.，1999）对 1993—1996 年发行的优先股样本进行实证分析后发现，考虑到交易成本等因素后，发行税前股利扣除的优先股预期有发行金额 28% 的节税收益。

三是不稀释现有股东权益，保持企业控制权。考虑到优先股股东没有投票权且像债券那样不会稀释现有股东权益，企业还存在保持控制权的动机。另外，企业基于信息不对称所对普通股股价估值是否准确，从而决定是否利用优先股发行来作为普通股发行的替代（Scott & Iwahara，1994）。

从发行用途看，美国优先股融资的用途主要分成两大类：购置资产和重构资本结构。其中，购置资产主要包括购置长期资产、兼并收购其他企业和补充营运资本；重构资本结构主要包括偿还长短期债务、购买普通股和赎回优先股。具体来看，各行业发行优先股的主要目的均为购置资产。工业企业和金融行业最主要用途均为兼并收购（占比分别为 37% 和 39%），基础设施建设行业中 52% 的企业发行优先股用于购置资产（见表 3-8）。

表 3-8　美国优先股按融资用途分类　　　　　　　　　单位：%

用途	工业企业	金融行业	基础设施建设行业	合计
购置资产	66	89	52	77
长期资产	12	26	43	22
兼并收购其他企业	37	39	0	35
补充营运资本	17	24	9	20
重构资本结构	35	11	48	23
偿还短期债务	10	1	0	4
偿还长期债务	25	6	39	16
购买普通股	0	3	0	2
赎回优先股	0	1	9	1
合计	100	100	100	100

（三）发行成本和融资成本

企业发行优先股的融资成本包含发行成本和融资成本两部分。

1. 优先股的发行成本

优先股的发行成本是指发行人支付给中介机构，包括保荐人、律师事务所和会计师事务所等的中介费用。这些费用是一次性支付的。美国优先股发行的保荐承销由投资银行来完成，一般由数家投资银行组成簿记发行人联合承销。例如，富国银行的优先股一般由富国证券（Wells Fargo Securities）担任主承销商，高盛集团的优先股一般由高盛集团和其他重要投资银行，如摩根士坦利、美林证券、瑞银等组成承销团。从美国优先股的发行成本来看，其保荐承销等中介费用占到了发行额度的 1%~3%。如果发行额度较大，那么承销费用等所占的比重较小。如果发行额度较小，那么承销费用等所占的比重较大。以富国银行为例，其发行承销等中介费用最高的是 P 系列优先股，发行金额仅为 575 万美元，承销、法律服务等中介费用为 17.78 万美元，发行成本占发行金额的比重高达 3.09%。发行金额较大的 K 系列、S 系列优先股发行成本比重较低。K 系列优先股发行金额 35 亿美元，S 系列优先股发行金额 20 亿美元，承销等中介费用分别为 0.35 亿美元和 0.2 亿美元，发行成本比重约为 1%。当然，发行金额大小是影响发行成本的重要因素之一，优先股的条款设计、承销团的组成等也是影响发行成本的重要原因。高盛集团优先股由高盛集团自己承销时，其发行成本就小。例如，L 系列和 M 系列优先股，高盛集团自己承销的费用为发行额度的 1.5%。当和其他投资银行组成承销团时，承销的费用就比较高。发行额度为 6.75 亿美元的 N 系列优先股，由高盛集团、美林证券、摩根大通、花旗集团、富国证券等联合主承销，发行成本为 2 126.25 万美元，占发行金额的比重为 3.15%。

2. 优先股的融资成本

优先股的融资成本是每期支付给优先股股东的股息。美国 76% 的上市优先股股息率集中在 5%~9%。其中，股息率为 5%~7% 的优先股占到了总量的 31%，股息率为 7%~8% 的优先股占到了总量的 30%，股息率为 8%~9% 的优

先股占到了总量的 15%。因此，5%~8% 是优先股股息率最集中的区域（见图 3-1）。

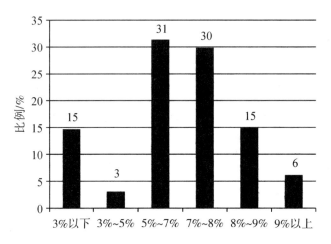

图 3-1　美国优先股收益率统计分布

从美国优先股股息率行业分布来看，房地产行业优先股平均股息率最高，为 6.1%。其中，房地产信托基金优先股平均股息率为 7.5%，房地产企业优先股平均股息率为 4.8%。金融业优先股平均股息率为 5.1%，其中银行优先股平均股息率最高，为 6.5%，保险公司优先股平均股息率为 4.5%，封闭基金优先股平均股息率为 3.5%，其他金融企业优先股平均股息率为 5.8%。公用事业，如供水、供电和燃气供应行业优先股平均股息率为 5.2%。能源行业优先股平均股息率为 5.8%（见表 3-9）。

美国除能源行业优先股市价相对于面额有一定的溢价外，其余行业优先股价格均有不同程度的折价。其中，折价最多的是房地产企业优先股，股价平均折价率为 19.2%。银行优先股股价平均折价率为 7.2%，保险公司优先股股价平均折价率为 7.4%，房地产信托基金优先股股价平均折价率为 2.7%，公用事业优先股股价平均折价率为 5.3%，能源行业优先股股价平均溢价率为 5.1%（见表 3-9）。

表 3-9　美国优先股股息率行业分布

行业	平均股息率/%	股价平均溢(折)价率/%
金融业	5.1	—
银行	6.5	-7.2
保险公司	4.5	-7.4
封闭基金	3.5	-0.9
其他金融企业	5.8	-3.2
房地产行业	6.1	—
房地产企业	4.8	-19.2
房地产信托基金	7.5	-2.7
公用事业	5.2	-5.3
能源行业	5.8	5.1

四、美国优先股分行业发行设计案例

（一）商业银行优先股产品设计案例：富国银行

1. 富国银行优先股的比例结构

富国银行（Wells Fargo）是美国唯一一家获得 AAA 评级的银行，成立于 1852 年，按商业银行资本市值，全球排名第四，曾多次发行优先股。根据富国银行 2014 年第一季度报告，其优先股股东权益为 1 717 900 万美元，普通股权益总额为 15 847 500 万美元，优先股股东权益占到归属母公司股东权益的 10.84%。

富国银行优先股股东权益在 2008 年以前较少，2005 年年报披露仅为 3.25 亿美元。但在次贷危机期间优先股股东权益总额达到最高值 313.32 亿美元，在 2009 年回落到 84.85 亿美元，然后逐年上升，直到 2014 年的 171.79 亿美元（见图 3-2）。

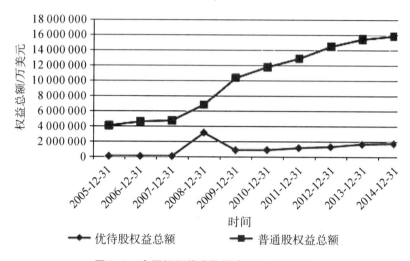

图 3-2　富国银行优先股股东权益总额变化

从优先股股东权益占归属母公司股东权益的比重来看，2008 年以前优先股股东权益比重很低，不到 1%。在 2008 年比重达到最高，优先股股东权益占到归属母公司股东权益的 31.62%。2009 年回落到 7.59%，此后逐渐增长到 2014 年第一季度的 9.78%（见表 3-10）。

表 3-10　富国银行优先股股东权益占归属母公司股东权益比重　　单位：%

年份	2014-03-31	2013-12-31	2012-12-31	2011-12-31	2010-12-31
优先股	9.78	9.56	8.18	8.15	6.87
普通股	90.22	90.44	91.82	91.85	93.13
年份	2009-12-31	2008-12-31	2007-12-31	2006-12-31	2005-12-31
优先股	7.59	31.62	0.94	0.84	0.80
普通股	92.41	68.38	99.06	99.16	99.20

2. 富国银行优先股发行批次和数量

富国银行自 1997 年以来多次发行优先股①，以 2007 年为分界点，2007 年以前主要发行信托优先证券（trust preferred security，TruPS），2008 年以后发行优先股（preferred stock，PS）。1997—2006 年，富国银行共 8 次发行信托优先证券，集中在 1997 年、1999 年和 2006 年。富国银行于 1997 年 1 月 9 日、1 月 23 日、1 月 27 日、1 月 28 日、4 月 17 日 5 次发行信托优先证券，发行额分别为 1.5 亿美元、1.5 亿美元、3 亿美元、3 亿美元和 1 亿美元，合计 10 亿美元。富国银行于 1999 年发行 1 次信托优先证券，发行额为 3 亿美元。富国银行于 2006 年 1 月 24 日和 11 月 27 日各发行 1 次信托优先证券，发行额分别为 25 亿美元和 7.5 亿美元，总发行额为 32.5 亿美元。

2008 年全球金融危机爆发以后，富国银行先后 10 次发行优先股，主要集中在 2007—2008 年和 2011—2013 年。2007 年 12 月 18 日、2008 年 2 月 5 日、2008 年 4 月 14 日，富国银行在较短时间内连续 3 次发行优先股，额度分别为 23 亿美元、35 亿美元、40.25 亿美元。2011 年 3 月 15 日，富国银行发行 25.01 亿美元优先股。2012 年 8 月 9 日和 2012 年 11 月 13 日，富国银行先后发行 7.5 亿美元和 6.5 亿美元优先股。2013 年 3 月 15 日、2013 年 7 月 15 日和 2013 年 12 月 11 日，富国银行先后发行 6.25 亿美元、17.25 亿美元和 8.4 亿美元优先股。2014 年 4 月 14 日，富国银行又发行了 20 亿美元优先股。

信托优先证券和优先股之间有一些区别。信托优先证券是通过专门设立一家信托公司而发行的优先股，具体方式是母公司专门设立一家信托公司，由该信托公司对外发行优先股，同时母公司对该信托公司定向发行债务证券，该信托公司则以优先股的收入购买母公司发行的债务证券。优先股无需经过信托环节。信托优先证券和优先股的优劣势如表 3-11 所示。

---

① 2001 年美联银行（Wachovia Bank）兼并第一联合银行（First Union），2008 年富国银行兼并美联银行。因此，之前第一联合银行和美联银行发行的信托优先证券一并计入富国银行。

表 3-11　信托优先证券和优先股的优劣势

项目	信托优先证券	优先股
优势	优惠的税收和会计方法以及较宽松的监管资本待遇。股息在税前支付，起到税盾作用	直接补充一级资本，发行费用相对较低
劣势	要成为一级资本，对优先股股东的分红必须进行至少连续 5 年的延期。资金成本高，股息率较高，发行成本也较高。投资银行将收取高额的承销费，律师事务所和会计师事务所将收取高昂的法律和会计费用	股息在税后支付，无法起到税盾作用

　　信托优先证券曾广受欢迎，美国各银行共发行了约 1 180 亿美元的信托优先证券。它们在美国银行、摩根大通、摩根士丹利以及花旗集团的一级资本中占有较大比重。但由于信托优先证券的资金成本较高，容易给银行造成较大的金融风险。因此，2010 年 8 月，《多德-弗兰克（Dodd-Frank）华尔街改革和消费者保护法案》给予银行 90 天期限以回购 1 180 亿美元的高成本证券，促使各银行以更廉价的资本金换取这些金融工具。促使银行赎回信托优先证券的另一个关键原因是从 2013 年起，信托优先证券将不再被视为一级资本。

　　3. 富国银行优先股产品设计

　　富国银行优先股产品设计如表 3-12 所示。

表 3-12　富国银行优先股产品设计

公告日期	证券种类	额度/亿美元	可赎回日期	股息率	最终到期	股息发放	股息累积
1/9/1997	TruPS	1.5	1/15/2007	floating rate（3mL+65bps）①	1/15/2027	季度	是
1/23/1997	TruPS	1.5	1/30/2007	floating rate（3mL+50bps）	1/30/2027	季度	是
1/27/1997	TruPS	3	2/15/2007	floating rate（3mL+57bps）	2/15/2027	季度	是

---

① floating rate，即浮动股息率；3mL+65bps，即 3 个月期伦敦同业拆借利率（LIBOR 利率）+65 个基点，下同。

表3-12(续)

公告日期	证券种类	额度/亿美元	可赎回日期	股息率	最终到期	股息发放	股息累积
1/28/1997	TruPS	3	1/15/2007	floating rate（3mL+50bps）	1/15/2027	季度	是
4/17/1997	TruPS	1	4/15/2007	floating rate（3mL+100bps）	4/15/2027	季度	是
11/9/1999	TruPS	3	—	7.95%	11/15/2029	半年	是
1/24/2006	TruPS	25	3/15/2011	max（3mL+93bps，5.569 75%）	永久	季度	否
11/27/2006	TruPS	7.5	12/15/2036	fixed to floating（5.95% to 12/2036；1mL+185bps thereafter）①	12/1/2086	半年	是
12/18/2007	preferred stock	23	12/15/2017	8%	永久	季度	否
2/5/2008	preferred stock	35	3/15/2018	fixed to floating（7.98% to 3/2018；3mL+377bps thereafter）	永久	季度	否
4/14/2008	preferred stock	40.25	可转换	7.5%	永久	季度	否
3/15/2011	preferred stock	25.01	3/15/2011	max（3mL+93 bps，5.569 75%）	永久	季度	否
8/9/2012	preferred stock	7.5	9/15/2017	5.20%	永久	季度	否
11/13/2012	preferred stock	6.5	12/15/2017	5.125%	永久	季度	否
3/15/2013	preferred stock	6.25	6/15/2018	5.25%	永久	季度	否
7/15/2013	preferred stock	17.25	9/15/2023	5.85%	永久	季度	否
12/11/2013	preferred stock	8.4	3/15/2024	6.625%	永久	季度	否
4/14/2014	preferred stock	20	6/15/2024	5.9%	永久	季度	否

---

① fixed to floating，即由固定股息率到浮动股息率。

富国银行在优先股或信托优先证券的股息率的设定采取了多种方式，有固定股息率，如 2012 年以后发行的优先股都采取了固定股息率，2007 年 12 月 18 日发行的 23 亿美元优先股股息率高达 8%；有浮动股息率，1997 年发行的信托优先证券采用的是 3 个月期 LIBOR 利率加上若干基点构成；有浮动股息率和固定股息率相结合，如 2008 年 2 月 5 日发行的优先股，确定在 2018 年 3 月之前采用固定股息率 7.98%，之后采用浮动股息率，用 3 个月期的 LIBOR 利率加上 377 个基点；有将固定股息率与浮动股息率相比较，取较大值，如 2011 年 3 月 15 日发行的 25.01 亿美元优先股股息率设定为 3 个月期的 LIBOR 利率加上 377 个基点和 5.569 75% 之间的较大值，即股息率最低为 5.569 75%，并有可能上浮。股息率一般都是一个季度发放一次，但 1999 年 11 月 9 日和 2006 年 11 月 27 日发行的信托优先证券股息半年发放一次。

富国银行发行的大部分信托优先证券股息都是可累积的，除了 2006 年 1 月 24 日发行的 25 亿美元信托优先证券采取不可累积的模式。富国银行发行的所有优先股都采取不可累积的模式。

富国银行优先股发行的大部分是不可转换的优先股或信托优先证券，除了 2008 年 4 月 14 日发行的 40.25 亿美元 L 系列优先股。L 系列优先股一单位（1 000 美元）可转换为 32.051 3 股普通股，转换价格大约为 31.2 美元。没有设立转股期，优先股股东可以在任意时刻转股。公告日当天，富国银行收盘价为 27.2 美元，2009 年 3 月 5 日一度下挫到 7.8 美元，直到 2010 年 3 月 26 日以后才稳稳站在 31.2 美元的转股价上方，优先股股东即可通过转股获利。2014 年 5 月 13 日，富国银行股价报收 49.81 美元，1 单位优先股如果在此时转为普通股在二级市场卖出，能卖出 1 596.5 美元，不包括股息率在内就将获利 896.5 美元，加上每年 7.5% 的股息率，6 年投资收益翻倍。

富国银行发行的优先股和信托优先证券基本上都设立了可赎回条款，赎回日期有长有短。从公告日到可赎回日期最长的可达 30 年，即 2006 年 11 月 27 日发行的 7.5 亿元信托优先证券，要在 2036 年 12 月 15 日才可赎回。最短的不设赎回期限，发行当日就可赎回，如 2011 年 3 月 15 日发行的 25.01 亿美元优先股。一般的赎回期限为 5 年或 10 年。富国银行发行的优先股没有最终到期日，为永久性的，但发行的信托优先证券一般都设有最终到期日，年限一般为 30 年或 50 年。

4. 富国银行优先股的风险披露

富国银行优先股的风险披露主要包括以下几个方面：一是强调优先股的非债性，其清偿顺序位于债券之后。股息的发放取决于董事会的决定以及资金限制和联邦监管的规定。二是强调优先股的永续性，投资者不能够期待或主动要求银行在可赎回日期以及之后赎回优先股。三是如果是非累积优先股，则要强调股息的非累积性，即当期的股利不能累积到下一期发放。四是强调优先股投票权的限制，优先股持有人只有有限的投票权。五是指出有可能影响优先股价格的几个不可控因素，包括股息的未发放、公司的信誉、利率、相关证券市场波动以及经济、金融、地缘政治、司法事件的影响等。

5. 富国银行优先股发行成本

富国银行优先股的承销费用一般为 1%～3% 不等，部分优先股承销额和费率见表 3-13。

表 3-13　富国银行部分优先股承销额和承销费率

系列	承销额/万美元	承销费/万美元	承销费率/%	主承销商
J 系列	200 000	6 300	3.15	瓦乔维亚证券（Wachovia Securities）
K 系列	350 000	3 500	1.00	瓦乔维亚证券（Wachovia Securities）
L 系列	350 000	8 750	2.50	瓦乔维亚证券（Wachovia Securities）和高盛集团（Goldman Sachs）
N 系列	67 500	1 481.88	2.20	富国证券（Wells Fargo Securities）
O 系列	600	18.24	3.04	富国证券（Wells Fargo Securities）
P 系列	575	17.78	3.09	富国证券（Wells Fargo Securities）
Q 系列	150 000	2 324.23	1.55	富国证券（Wells Fargo Securities）
R 系列	75 000	1 419.78	1.89	富国证券（Wells Fargo Securities）
S 系列	200 000	2 000	1.00	富国证券（Wells Fargo Securities）

（二）投资银行优先股产品设计案例：高盛集团

高盛集团（Goldman Sachs）为跨国银行控股公司集团，连续多年被《财富》杂志评选为世界财富 500 强企业之一。其业务涵盖投资银行、证券交易和财富管理。高盛集团的总部位于美国纽约，在伦敦、法兰克福、东京、香港和世界其他主要金融中心设有分支机构。高盛集团拥有丰富的地区市场知识和国际运作能力。

1. 高盛集团优先股的比例

高盛集团发行了大量的优先股，优先股股东权益在股东权益总额中占了较大的比重。优先股股东权益最大的是在 2008 年第四季度，由于金融危机的影响，高盛集团发行了大量的优先股，优先股股东权益由 2008 年第三季度的 31 亿美元迅速上升到第四季度的 165 亿美元，占到股东权益总额的 25% 以上（见图 3-3）。截至 2016 年第一季度末，高盛集团优先股股东权益为 112 亿美元，占股东权益总额的 12.9%。因此，优先股是高盛集团股本结构的重要组成部分。

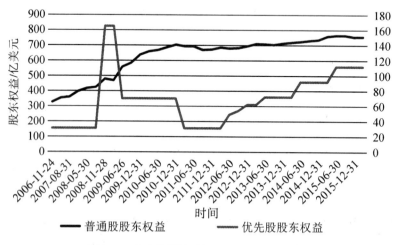

图 3-3　高盛集团优先股和普通股股东权益

2. 高盛集团优先股发行批次

高盛集团从 2005 年以来共发行了 A 系列至 K 系列 11 个批次的优先股。

A系列优先股发行于2005年4月。到2007年5月，高盛集团发行了A、B、C、D四个系列优先股和E、F两个系列信托优先证券。2007年5月15日，两只由高盛集团创立的信托基金发行了22.5亿美元的增强型自动优先资本证券（APEX）。该信托基金所持有用于支持APEX的资产最初包括由高盛集团发行的可再次出售的初级次级票据（junior subordinated notes）和优先股购买合同，最终包括17.5亿美元的非累积性永久E系列优先股和5亿美元的非累积性永久F系列优先股。2008年全球金融危机爆发以后，高盛集团为筹集资金，又增发了G、H两个系列的优先股股票。2008年10月1日，高盛集团向伯克希尔·哈撒韦公司以及部分附属机构出售了50 000万股股息为10%的永久优先股（G系列优先股）以及作价50亿美元的4 350万股普通股认购权益，在5年内的任何时候均可行使，行使价为每股115美元。2008年10月28日，高盛集团向美国财政部发行了1 000万股永久优先股（H系列优先股）以及作价100亿美元的1 220万股普通股认购权益，在10年内任何时候均可行使，行使价为每股122.9美元。从2008年10月28日至2013年11月15日，H系列优先股年股息率为5%，以后年股息率为9%。2008年全球金融危机以后，高盛集团又发行了I、J、K三个系列的优先股。

3. 高盛集团优先股产品设计

高盛集团优先股大部分采取传统优先股的模式。只有在2004年采取了信托优先证券的模式。2004年2月20日，高盛集团发行了总额27.5亿美元的信托优先证券。高盛集团先设立一个全资特拉华州信托公司，然后由该信托公司发行优先股，同时母公司对该信托公司定向发行债务证券，该信托公司则以优先股的收入购买高盛集团发行的债务证券。从发行额度来看，在2008年全球金融危机期间，高盛集团发行了大量的优先股。G系列优先股总额50亿美元，定向发行给了巴菲特的伯克希尔·哈撒韦公司。H系列优先股总额100亿美元，发行给了美国财政部。这两个系列优先股的发行，是在特殊时期对高盛集团进行注资。高盛集团已于2011年以56.5亿美元的价格回购了G系列优先股。除此之外，高盛集团于2013年4月25日和2015年4月23日分别发行的J系列优先股和M系列优先股发行额度相对较高（见表3-14）。

表 3-14   高盛集团优先股发行方案

公告日期	证券种类	额度/亿美元	可赎回(可转换)日期	股息率	股息发放	是否累积
2/20/2004	TruPS	27.5	2/15/2034	6.345%	半年	—
4/14/2005	A 系列(PS)	7	4/25/2010	max(0.75%+3mL,3.75%)	季度	否
4/10/2006	B 系列(PS)	8	10/31/2010	6.2%	季度	否
1/27/1997	C 系列(PS)	2	10/31/2010	max(0.75%+3mL,4%)	季度	否
5/24/2006	D 系列(PS)	7.5	5/24/2011	max(0.67%+3mL,4%)	季度	否
5/15/2007	E 系列(APEX①)	17.5	—	max(0.7675%+3mL, 4%)	季度	否
5/15/2007	F 系列(APEX)	3	—	max(0.77%+3mL,4%)	季度	否
10/1/2008	G 系列(PS)	50	5 年内可转换(115 美元)	10%	—	是
10/25/2008	H 系列(PS)	100	10 年内可转换(122.9 美元)	5% to 11/15/2013, 9% thereafter	—	是
10/25/2012	I 系列(PS)	7.5	11/10/2017	5.95%	季度	否
4/25/2013	J 系列(PS)	35	5/10/2023	5.5% to 5/10/2023, 3mL+3.64% thereafter	季度	否
4/28/2014	K 系列(PS)	7	5/10/2024	6.375% to 5/10/2024, 3mL+3.55% thereafter	季度	否
4/28/2014	L 系列(PS)	13	5/10/2019	5.7% to 5/10/2019, 3mL+3.884% thereafter	季度	否
4/23/2015	M 系列(PS)	20	5/10/2020	5.375% to 5/10/2020, 3mL+3.922% thereafter	季度	否
2/23/2016	N 系列(PS)	6.75	5/10/2021	6.3%	季度	否

---

① 增强型自动优先资本证券(automatic preferred enhanced capital securities,APEX)

从是否可赎回和是否可转换来看，高盛集团发行的优先股大部分是可赎回的，都设置了可赎回的期限。但是，大部分优先股是不可转换的，即不能转换为普通股，只有在 2008 年金融危机时高盛集团定向发行给伯克希尔·哈撒韦公司和美国财政部的优先股是可以转换的。G 系列优先股 5 年内可转换，普通股的转换价格为 115 美元。H 系列优先股 10 年内可转换，转换价格为 122.9 美元。

从股息设定来看，高盛集团优先股既有固定收益率的股息设定，也有浮动收益率的股息设定。B 系列、G 系列、I 系列和 N 系列采用的是典型的固定股息率，优先股在发行后都采取一个固定股息的办法。G 系列的股息率最高，达到了 10%，其余系列的股息率都在 6% 左右。高盛集团有两阶段固定股息率的设计，如 H 系列，在 2013 年 11 月 15 日之前股息率是 5%，之后股息率是 9%。采用这种设计的目的是鼓励公司赎回优先股。浮动股息率的设定一般是在 3 个月 LIBOR 的基础上加上一定的基点，如 A 系列、D 系列、E 系列、F 系列等。高盛集团也采取了浮动股息和固定股息相比较取高值的做法，即给了优先股股息一个保底值。高盛集团还采取了将固定股息和浮动股息相结合的方式，如 J 系列和 K 系列，在赎回日之前采取固定股息，在赎回日之后采用浮动股息。股息的发放日期除了信托优先证券是半年外，其他的都是季度发放。股息大部分都是不可累积的，除了 G 系列和 H 系列外。

4. 高盛集团优先股承销情况

高盛集团优先股承销费率相对较高，大部分优先股的承销费率都为 3.15%。只有高盛集团独立承销的 L 系列和 M 系列优先股费率较低，为 1.5%。C 系列和 D 系列优先股承销费率为 2%。从主承销商来看，A 系列和 B 系列优先股，高盛集团自己没有参与承销，主承销商主要是花旗集团、瑞银证券、美林证券、瓦乔维亚证券。C 系列以后高盛集团都作为主承销商参与发行，花旗集团、美林证券、瑞银证券、摩根士坦利等国际投行也参与承销（见表 3-15）。

表 3-15 高盛集团优先股承销费率和承销商

系列	承销额/万美元	承销费/万美元	承销费率/%	主承销商
A 系列	70 000	2 205	3.15	花旗集团(Citigroup)、瑞银证券(UBS)、瓦乔维亚证券(Wachovia Securities)
B 系列	80 000	2 520	3.15	花旗集团(Citigroup)、瑞银证券(UBS)、美林证券(Merrill Lynch & Co)、瓦乔维亚证券(Wachovia Securities)
C 系列	20 000	400	2	高盛集团(Goldman Sachs)、大和证券(Daiwa Securities)、杜比证券(Dolby Securities)
D 系列	75 000	1 500	2	高盛集团(Goldman Sachs)、贝莱德集团(BlayRock & Company)、大和证券(Daiwa Securities)
I 系列	75 000	2 362.5	3.15	高盛集团(Goldman Sachs)、美林证券(Merrill Lynch)、花旗集团(Citigroup)、瑞银证券(UBS)、富国证券(Wells Fargo Securities)
J 系列	100 000	3 150	3.15	高盛集团(Goldman Sachs)、美林证券(Merrill Lynch)、花旗集团(Citigroup)、摩根士坦利(Morgan Stanley)、加拿大皇家银行(RBC)、瑞银证券(UBS)、富国证券(Wells Fargo Securities)
K 系列	70 000	2 205	3.15	高盛集团(Goldman Sachs)、美林证券(Merrill Lynch)、花旗集团(Citigroup)、摩根士坦利(Morgan Stanley)、加拿大皇家银行(RBC)、瑞银证券(UBS)、富国证券(Wells Fargo Securities)
L 系列	130 000	1 950	1.5	高盛集团(Goldman Sachs)
M 系列	200 000	3 000	1.5	高盛集团(Goldman Sachs)
N 系列	67 500	2 126.25	3.15	高盛集团(Goldman Sachs)、美林证券(Merrill Lynch)、花旗集团(Citigroup)、摩根大通(J P Morgan)、摩根士坦利(Morgan Stanley)、加拿大皇家银行(RBC)、瑞银证券(UBS)、富国证券(Wells Fargo Securities)

1. 美国铝业公司优先股股本

美国铝业公司（Alcoa）简称美铝，是继力拓集团（Rio Tinto Group）和俄罗斯铝业集团（RUSAL）后的世界第三大铝材生产商。美国银业公司在美国纽约证券交易所上市（ALCOA. N），截至 2016 年 7 月 11 日，总市值 140 亿美元。

美国铝业公司优先股股本在 2006—2013 年为 54.6 万股，从 2014 年起由于发行了新的一期优先股，股本扩大了 250 万股，增长到 304.6 万股。普通股股本由 2006 年的 87 181.96 万股增长到 2016 年的 131 510.73 万股（见表 3-16）。

表 3-16　美国铝业公司优先股股本与普通股股本

年份	优先股股本/万股	普通股股本/万股
2006	54.6	87 181.96
2007	54.6	86 953.68
2008	54.6	80 031.74
2009	54.6	97 437.88
2010	54.6	102 202.60
2011	54.6	106 441.21
2012	54.6	106 721.20
2013	54.6	107 101.12
2014	304.6	121 666.37
2015	304.6	131 016.01
2016	304.6	131 510.73

2. 美国铝业公司优先股的发行批次

美国铝业公司公开发行了 2 期优先股。A 系列优先股发行于 1982 年，发行量为 6.6 万股，发行价格为每股 100 美元，最近一期市场价格为 88.5 美元，较票面金额折价 11.5%。B 系列优先股发行于 2014 年，发行量为 250 万股，

超额配售 37.5 万股，合计发行 287.5 万股，发行价格为每股 50 美元，最近一期市场价格为 35.33 美元，较票面金额折价 29.34%（见表 3-17）。

表 3-17　美国铝业公司优先股的产品设计和发行方案

	A 系列	B 系列
发行量/万股	6.6	287.5
发行价格/美元	100	50
股息率/%	3.75	5.38
每股年分红/美元	3.75	2.687 5
是否永久优先股	是	否
是否累积	累积	累积
是否可赎回	是/可赎回日期：1987 年 1 月	是/可赎回日期：2017 年 10 月
是否可转换	否	是/转换价格：＄16.16
分红周期	季度	季度

3. 美国铝业公司优先股的产品设计

美国铝业公司优先股中，A 系列优先股属于永久性优先股，即不设到期日，发行人不赎回的话将永久存续。赎回日设在 1987 年 1 月之后即可赎回。由于发行股息率相对较低，只有 3.75%，因此一直到 2016 年第一季度，美国铝业公司并未赎回 A 系列优先股。A 系列优先股的股息可累积，即未按时发放的股息需累积到下一期发放。A 系列优先股不可转换为普通股，分红周期为一个季度，每股分红 3.75 美元。

B 系列优先股的特点是可转换为普通股。优先股股息率为 5.38%，由于优先股票面金额为 50 美元，实际每年每股优先股分红为 2.687 5 美元。B 系列优先股不是永久优先股，到期日设置为 2017 年 10 月，届时美国铝业公司赎回 B 系列优先股，或者将优先股转换为普通股，转换价格为 16.16 美元。2016 年 7 月 12 日美国铝业公司普通股市场价为 10.14 美元，距离转换价格还有较大差距。如果到期日价格低于 16.16 美元，那么优先股股东会选择赎回优先股，而不是转换为普通股。

4. 美国铝业公司优先股承销情况

美国铝业公司 A 系列优先股由于发行时间太长，主承销商和承销费用未能查询到。B 系列优先股由摩根士坦利、瑞士信贷、花旗集团、高盛集团和摩根大通担任联席簿记发行人。承销费用为发行金额的 3%，即 431.25 万美元。

（四）新兴产业优先股产品设计案例：艾尔建（Allergan）公司

美国 Allergan 公司是专业的药品公司，主要从事眼科药物、神经科药物以及其他领域的药物研发。Allergan 公司在纽约股票交易所上市，股票代码"AGN"。其总部位于美国加利福尼亚州的欧文市，产品行销超过 100 个国家和地区。1948 年，Allergan 公司从洛杉矶一间小药房发展成立起来，1970 年扩展为全球性公司。Allergan 公司不断加大对科学研究的投入，在美国总部及法国、英国、意大利和日本都设有研究中心，共有科研人员 780 名，其中超过 130 名具有博士或博士后学位，在研发方面投入的巨额资金超过了全部销售额的 12% 以上，从而不断推出创新性的优质药品。

1. Allergan 公司的股本结构

截至 2016 年第二季度末，Allergan 公司的普通股股本为 39 555.69 万股，优先股股本为 506 万股。根据 2016 年 7 月 19 日 Allergan 公司普通股收盘价 242.64 美元计算，普通股市值为 960 亿美元。优先股按照发行价 1 000 美元计算，优先股市值为 50.6 亿美元。优先股市值为普通股市值的 5.27%。

2. Allergan 公司优先股产品设计方案

Allergan 公司 A 系列优先股发行数量为 460 万股，超募 46 万股，合计发行 506 万股。发行价格为每股 1 000 美元，未扣除发行费用的融资金额为 506 亿美元。股息率为 5.5%，股息可累积。Allergan 公司在 2018 年 3 月 1 日之后可以赎回优先股。A 系列优先股有可转换权，在适当条件下可转换为普通股。转换价格的波动范围为 288~352 美元，具体的转换价格为可转换期限之前 20 个交易日的均价。Allergan 公司 A 系列优先股股息为每季度支付（见表 3-18）。

从 Allergan 公司 A 系列优先股的设计方案来看，对发行人是比较有利的。和美国商业银行类优先股相比较，Allergan 公司 A 系列优先股采取的可累积股息，使得优先股股东的权益有了充分的保障。同时，Allergan 公司设计的可转换权，使得优先股股东在普通股价格上扬的时候有可能获得更多的收益。Allergan 公司 A 系列优先股的股息为固定股息，这与商业银行类优先股惯用的浮动股息不太一致。优先股股息的支付方式为每季度支付，符合美国优先股股息支付周期惯例。

表 3-18　Allergan 公司 A 系列优先股产品设计方案

	设计方案
发行系列	A 系列（首轮优先股）
发行数量	506 万股
发行价格	1 000 美元
收盘价格	864.61 美元（2016 年 7 月 19 日）
股息率	5.5%
是否可赎回	是
赎回日期	2018 年 3 月 1 日
是否可累积	是
是否可转换	是
转换价格	288~352 美元
股息支付时间	每季度支付

3. Allergan 公司 A 系列优先股发行成本

Allergan 公司 A 系列优先股由摩根大通、瑞穗证券（Mizuho Securities）、富国证券、摩根士坦利、巴克莱银行（Barclays）、花旗集团联合主承销。承销佣金和承销费为 1.12 亿美元，发行费率为 2.2%，发行费率和美国商业银行类优先股平均发行费率接近。

五、美国优先股二级市场交易制度

（一）集中市场交易制度（纽约证券交易所）

美国纽约证券交易所集中市场交易的标的包含了股票、债券、信托证券、衍生产品等。其中，股票的种类包含了普通股股票（common stock）、优先股（preferred stock）、可赎回优先股（callable preferred stock）、可转换优先股（convertible preferred stock）、保证付息特别股、累积优先股（cumulative preferred stock）、参与优先股（participating preferred stock）、认购权证（warrant）、原股东优先认购权（rights）。因此，纽约证券交易所优先股的交易规则适用于其一般的证券交易规则。

纽约证券交易所接受优先股挂牌上市，并且没有为优先股上市设定任何最低数值标准。但是，优先股的发行规模和分布情况必须达到足够的条件，以便保障市场能有一定量的成交。因此，纽约证券交易所设定了优先股退市的数值标准：如果公众持股的总市值不足 200 万美元，公众持股的数量不足 10 万股，纽约证券交易所一般会考虑暂停或删除该优先股的交易。

此外，纽约证券交易所为优先股上市设定了投票权，在优先股固定股息支付违约后的不迟于两年的时间内，优先股的持有人应享有选举至少两名公司董事的权利。也就是说，如果不能保障优先股股息在未支付情况下，优先股股东作为类别股东推选公司董事的权利，纽约证券交易所将不接受公司优先股挂牌交易。

纽约证券交易所还特别规定，如果优先股股东不具备下述投票权，公司的优先股将被拒绝上市：

（1）变更适用于优先股的任何现有条款，必须经优先股股东的 2/3 以上通过。

（2）创设优先级证券，必须在创设前经优先股股东批准，即发行在外的

优先股股东的 2/3 以上通过。

（3）增加某一类别优先股的授权发行金额或创设优先级相同的证券，必须在创设前经优先股股东批准，即受影响的发行在外的优先股多数票批准。

（二）做市交易制度（纳斯达克股票市场）

纳斯达克（NASDAQ）股票市场分为三个层次：纳斯达克全球精选市场、纳斯达克全球市场（原纳斯达克全国市场）以及纳斯达克资本市场（原纳斯达克小型股市场）。各个市场对于优先股挂牌的条件不一样。

如果公司的主要股本证券在纳斯达克全球市场挂牌，则优先股在纳斯达克全球市场挂牌的基本条件如下：

（1）最低的买入报价不低于 4 美元/股。

（2）股票持有人不少于 100 人。

（3）至少 20 万股为公众股。

（4）公众股的市值至少为 400 万美元。

（5）至少有 3 个注册并活跃的做市商。

优先股挂牌以后，必须满足以下持续挂牌条件，否则将被摘牌：

（1）最小的买入报价不低于 1 美元/股。

（2）股票持有人不少于 100 人。

（3）至少 10 万股为公众股。

（4）公众股的市值至少为 100 万美元。

（5）至少有两个注册并活跃的做市商，其中之一的做市商可以提供稳定的买入报价。

与纳斯达克资本市场类似，如果公司的主要股本证券尚未在纳斯达克资本市场挂牌或不是有担保的证券，则公司的主要股本证券需要达到首次挂牌的标准，公司的优先股才能在纳斯达克资本市场挂牌。

如果公司的主要股本证券已经在纳斯达克精选市场挂牌，那么公司的所有其他种类证券，如优先股、权证和资产凭证等，均可在纳斯达克全球市场上市。

（三）场外协议转让制度

美国没有上市或挂牌的优先股可以进行协议转让，美国还允许交易所上市交易的证券在场外进行协议转让。因此，根据意思自治的原则，只要优先股交易双方就优先股交易品种、交易价格、交易数量等达成一致，就可以在场外进行协议转让。

（四）信用交易制度

美国融资融券的标的是已在证券交易所上市的有价证券。有价证券种类分为两类：一类是权益证券（equity security），包括普通股、优先股、认股权证和共同基金；另一类是债券（debt securities），包括豁免证券（exempt securities）、公司债券（corporate bond）、抵押权债券（mortgage-related securities）和无息债券。因此，在纽约证券交易所上市交易的优先股能够进行融资融券交易。

六、美国优先股的投资者和收益率

（一）投资人类型

美国优先股一级市场的投资人包含美国政府、资产管理机构和保险公司等。巴斯金（Baskin，1988）通过对美国和英国的金融市场回顾认为，在资本市场信息不对称比较严重的情况下，优先股之所以被投资者青睐，是因为优先股股息优先并且相对固定。

1. 美国政府

美国政府机构购买优先股的目的主要是实施反危机措施，为一系列陷入经济金融危机的重要企业注入资金，实施金融救援计划。在 2008 年全球金融危机之时，美国政府购买了"两房"（房利美和房地美）、花旗银行、摩根大通等陷入危机的企业的优先股。2008 年 9 月，美国财政部接管了"两房"，美国财政部通过购买房利美和房地美的优先股，共向其提供援助资金 1 875 亿美元。2008 年 10 月，美国各大银行股价暴跌，美国股市面临崩盘危机之时，美国政府动用 1 250 亿美元购入花旗银行、摩根大通等 9 家主要银行的优先股，稳定了当时的资本市场。一方面，美国政府购买各大银行优先股的做法提振了市场信心。优先股作为股权融资的一种方式，提升了金融机构的资本充足率，缓解了金融机构的融资压力，避免了金融危机的进一步蔓延。另一方面，美国政府购买的优先股不具有经营管理的投票权，不能控制该企业。这符合美国联邦政府奉行的自由市场经济的理念。美国政府收回投资的主要方式是获取优先股的股息，如美国政府购买的"两房"优先股股息率高达 10%，获得了大量的分红。截至 2014 年 6 月底，"两房"支付给美国财政部的总红利达到 2 131 亿美元，超过此前美国政府用于救助"两房"的 1 875 亿美元。

美国政府在危机时购入优先股，在危机过后则会择机出售优先股收回投资。2012 年 6 月 14 日，美国财政部表示其已经出售所持有的 7 家金融机构的优先股筹得 2.45 亿美元资金。这些优先股是美财政部在 2007—2008 年金融危机期间通过问题资产救助计划（TARP）获得的。

2012 年 9 月 5 日，美国财政部宣布，通过拍卖方式出售其纾困计划（TARP）下的资本购买计划（CPP）的部分优先股，包括科罗拉多阿尔平银行、第一社区金融伙伴有限公司、克拉克斯维尔 F&M 金融公司以及萨里斯伯瑞 F&M 金融公司 4 家公司的份额。

2. 资产管理机构

资产管理机构（investment advisor）是指提供投资咨询与资金管理服务的综合金融服务机构，如股票或债券投资基金、投资公司等，服务对象主要为高净值个人、信托、企业退休金计划、慈善机构、房地产等。以美国市场上发行优先股排名前 5 的公司的持有者为例，投资管理机构、保险公司持有规模占优先股总规模超过 95%，对冲基金（3.09%）和银行及其他（0.31%）也是优先股投资的参与者（见图 3-4）。

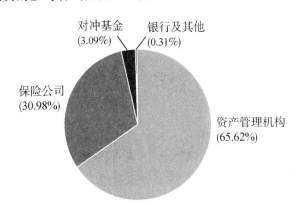

图 3-4　美国优先股主要股东持有比例

　　这些机构投资者投资优先股的目的不仅仅是获取相对固定的股息，更重要的是利用优先股的期权属性，转换为普通股获取更大的收益。例如，巴菲特管理的伯克希尔·哈撒韦公司就大量投资优先股。1989 年，伯克希尔·哈撒韦公司投资 6 亿美元买入吉列可转换优先股，每年可以分享 8% 的固定股息，同时还约定了 50 美元/普通股的转换价格。当 1991 年巴菲特将可转换优先股转换为普通股，2004 年年底市值增长到 43 亿美元，投资收益率高达 6 倍以上。2008 年伯克希尔·哈撒韦公司购入 50 亿美元高盛集团优先股，股息率达 10%，并获得未来 5 年内任意时间购入 50 亿美元高盛普通股的认股权，价格为每股 115 美元。2009 年，伯克希尔·哈撒韦公司又投资了 5 只优先股，包括陶氏化学、通用电气、高盛、瑞士再保险和箭牌的优先股，总投资成本为 211 亿美元，2009 年年底账面价值是 260 亿美元。

　　美国现存多只优先股交易型开放式指数基金（ETF 基金）。其中，安硕（iShares）美国优先股 ETF 基金市场规模较大。该 ETF 基金于 2007 年 3 月 26 日上市，截至 2016 年 7 月 11 日，该 ETF 基金投资的优先股有 279 只，基金资产净值约 161.83 亿美元，持仓居前列的优先股以银行优先股为主，包括汇

丰、巴克莱、富国银行等的优先股。

3. 保险公司

保险公司特别是寿险公司，需要将保费收入进行长期投资，以获取持续的、稳定的现金流收入。而优先股相对固定的投资收益率和长期的存续期满足了保险资金对于收益的需要。因此，保险公司是投资优先股的重要群体。

以美国寿险公司为例，由于美国寿险公司的一般账户所管理的资金主要来自传统寿险保单，资金主要用于保险赔付，对投资的收益率要求相对较低，一般账户更加注重资金的安全性，通常采取较为保守的配置策略进行投资。因此，一般账户中投资优先股的比重相对较高。在 2008 年全球金融危机中，一般账户中投资优先股的金额高达 650.61 亿美元，占权益类投资的比重为 55.34%。2009 年以后优先股投资金额和投资比例呈下降趋势，占权益类投资的比重在 10% 左右。

美国保险公司（人寿）独立账户管理的资金大都来自投资属性较强的寿险产品，如万能险等，因此独立账户采取的投资策略相比一般账户比较激进。优先股由于投资收益固定，在独立账户中配置较少，一般都在 0.05% 左右。2007 年，其独立账户优先股投资金额为 36.31 亿元，在 2000—2012 年各年中投资金额最高，但只占股票类投资的 0.24%（见表 3-19）。

表 3-19　美国保险公司（人寿）优先股投资情况

年份	一般账户			独立账户		
	普通股/亿美元	优先股/亿美元	占股票类投资比重/%	普通股/亿美元	优先股/亿美元	占股票类投资比重/%
2000	743.37	200.02	21.20	9 023.56	6.25	0.07
2001	635.11	213.27	25.14	8 235.8	6.08	0.07
2002	612.3	240.41	28.19	7 055.49	6.1	0.09
2003	667.65	289.55	30.25	9 173.19	6.94	0.08
2004	733.33	324.49	30.68	10 732.56	8.2	0.08
2005	748.82	261.98	25.92	11 835.32	8.55	0.07
2006	813.26	653.07	44.54	13 811.41	31.19	0.23

表3-19(续)

年份	一般账户			独立账户		
	普通股/亿美元	优先股/亿美元	占股票类投资比重/%	普通股/亿美元	优先股/亿美元	占股票类投资比重/%
2007	815.55	664	44.88	15 187.52	36.31	0.24
2008	525.1	650.61	55.34	10 158.48	23.78	0.23
2009	655.97	121.25	15.60	13 074.6	7.39	0.06
2010	730.26	94.84	11.49	14 871.11	6.03	0.04
2011	743.28	84.92	10.25	14 626.47	6.18	0.04
2012	740.83	83.08	10.08	16 421.83	6.85	0.04

(二) 优先股投资收益率

1. 优先股和普通股股价走势比较

优先股股价的整体走势和波动可以通过美国标普优先股指数（S&P U.S. Preferred Stock Index）来表示。如图3-5所示，从2006年8月31日到2016年8月31日，标普优先股指数从1 003.49点下跌到831.79点，下跌了20.64%。其中，最高为2007年2月7日的1 050.06点，最低为2009年3月6日的303.66点。10年间标普优先股指数最高点是最低点的约3.46倍。相比之下，10年间标普500指数从1 030.82点上涨到2 179.98点，上涨幅度为111.48%。其中，最高为2016年8月15日的2 090.15点，最低为2009年3月9日的676.53点。10年间标普500指数最高点是最低点的约3.09倍。因此，从10年间最高点和最低点计算，优先股的波动幅度大于普通股的波动幅度。

但是，排除2008年全球金融危机时比较特殊的情况。2010年以后，优先股的走势都很平稳，其波动率小于普通股的波动率。普通股走势一路上扬，标普500指数突破了2 000点大关。因此，2010年以后投资普通股的平均收益率会超过投资优先股的平均收益率。

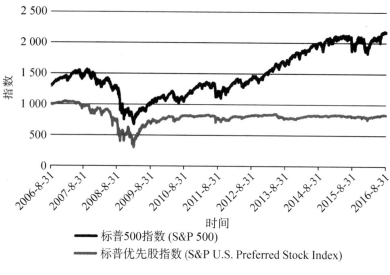

图 3-5 标普 500 指数和标普优先股指数走势比较

2. 优先股投资收益率

优先股的投资收益来源于三个部分：一是优先股的股息。美国优先股的股息一般都是季度发放，小部分是月度发放或半年发放。二是优先股的买卖价差。投资者通过在二级市场低买高卖的方式赚取利润。三是可转换收益。如果是可转换优先股，当普通股价格高于优先股的转换价格时，投资者可以选择将优先股转换为普通股，然后将其在二级市场出售获得收益。

在不考虑二级市场波动和可转换条件的前提下，优先股的投资收益率约等于优先股的股息率。如果考虑税收的影响，优先股投资人的收益为股息减去应缴纳的红利税。美国股息的红利税为 15%，因此投资收益率应为股息率的 85%。根据美国黑石公司（Blackstone）的统计，美国优先股的整体收益率远高于美国国债的收益率，和美国高收益债券收益率基本持平。通过相关指数的测算，美国 1 年期国债的收益率为 0.55%，10 年期国债的收益率为 1.83%。优先股的年平均收益率为 6.53%，高收益债券的年平均收益率为 6.84%。美国的年均通货膨胀率为 2.1%，如果投资美国国债，国债的收益率还不足通货膨胀率，实际上是处于负利率的状态（见图 3-6）。

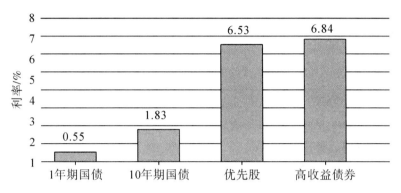

图 3-6　美国优先股和国债、高收益债整体收益率比较

　　美国优先股二级市场的投资收益率可以用优先股 ETF 基金的收益率来代表。美国有几只有代表性的优先股 ETF 基金，分别是"iShares U.S. Preferred Stock ETF（PFF）""SPDR Wells Fargo Preferred Stock ETF（PSK）""Superincome Preferred ETF（SPFF）"等，这些优先股 ETF 基金的分阶段收益率基本代表了美国优先股二级市场的投资收益率情况。

　　（1）PFF 收益率。PFF 是由美国黑石公司发行和管理的优先股 ETF 基金，是美国规模最大的优先股 ETF 基金之一，基金净值高达 170 多亿美元。跟踪的指数是标普美国优先股指数。

　　①平均年收益率。PFF 1~5 年的年平均收益率如表 3-20 所示。

表 3-20　PFF 1~5 年的平均收益率　　　　　　　　单位：%

项目	1 年	3 年	5 年
整体收益率（total return）	7.83	6.93	6.42
市场价格收益率（market price）	7.98	7.02	6.45
跟踪指数收益率（benchmark）	8.57	7.54	7.11

　　注：整体收益率以资产净值的变化计算。市场价格收益率以 16:00 点之前的买卖平均价格计算。跟踪指数收益率是指 ETF 基金所跟踪的综合指数的收益率。

　　截至 2016 年 6 月 30 日，PFF 1 年的平均整体收益率为 7.83%，3 年的年平均整体收益率为 6.93%，5 年的年平均整体收益率为 6.42%。因此，PFF 的平均年收益状况比较稳定，略低于跟踪指数的平均年收益率。

②累积收益率。PFF 的 1~5 年的累积收益率如表 3-21 所示。PFF 的 5 年整体累积收益率达到了 36.51%。

表 3-21　PFF 的 1~5 年的累积收益率　　　　单位:%

项目	1 年	3 年	5 年
整体收益率（total return）	7.83	22.28	36.51
市场价格收益率（market price）	7.98	22.58	36.67
跟踪指数收益率（benchmark）	8.57	24.38	40.96

③年度收益率。从 2011—2015 年的年度收益率来看（见表 3-22），2011 年和 2013 年是负收益率，其中 2011 年的整体收益率最低，为-2.2%。2012 年、2014 年和 2015 年为正收益率，其中整体收益率最高的 2012 年为 18.25%。

表 3-22　2011—2015 年 PFF 年度收益率　　　　单位:%

项目	2011	2012	2013	2014	2015
整体收益率（total return）	-2.2	18.25	-0.59	13.45	4.62
市场价格收益率（market price）	-2.1	18.27	-1.02	14.19	4.3
跟踪指数收益率（benchmark）	-1.16	18.64	-0.17	14.07	5.47

（2）PSK 收益率。PSK 的跟踪指数是富国混合和优先证券综合指数（Wells Fargo Hybrid and Preferred Securities Aggregate Index）。PSK 的规模为 6 亿美元左右。

PSK 按月度值计算的最近 1 个月的收益率为 0.66%，当年度的到期收益率为 6.13%，1 年期的收益率为 10.55%，3 年期的平均收益率为 8.89%，5 年期的平均收益率为 6.95%（见表 3-23）。

表 3-23　PSK 的收益率　　　　单位:%

时间	按月度值计算 （07/31/2016）	按季度值计算 （06/30/2016）
1 个月	0.66	1.41
当季度	0.66	3.77

表3-23(续)

时间	按月度值计算 （07/31/2016）	按季度值计算 （06/30/2016）
当年度	6.13	5.44
1 年	10.55	12.11
3 年	8.89	8.06
5 年	6.95	6.49

（3）SPFF 收益率。SPFF 的跟踪指数标是普高收益北美优先股指数（S&P Enhanced Yield North American Preferred Stock Index）。SPFF 的基金净值为 2.3 亿美元左右。

①年化平均收益率。SPFF 的 1 年平均收益率为 4.91%（按基金净值计算），3 年平均收益率为 4.98%，由于成立期不到 5 年，没有 5 年的年平均收益率。成立以来的年平均收益率为 4.95%（见表3-24）。

表 3-24　SPFF 的收益率　　　　　　　　单位:%

时间	按基金净值计算	按收盘价计算	按指数计算
1 年	4.91	5.44	5.45
3 年	4.98	5.07	5.79
5 年	—	—	—
成立以来	4.95	5.45	5.68

②累积收益率。按月度值计算的 SPFF 的 1 个月累计收益率为 1.87%，3 个月累计收益率为 3.43%，6 个月累计收益率为 9.51%，自成立起的累积收益率为 21.54%（见表3-25）。

表 3-25　SPFF 年累积收益率　　　　　　　单位:%

时间	按基金净值计算	按收盘价计算	按指数计算
1 个月	1.87	2.24	1.92
3 个月	3.43	3.64	3.57
6 个月	9.51	10.07	9.86
成立以来	21.54	23.90	25.05

（三）二级市场的流动性

美国优先股二级市场的流动性相对普通股较差。私募发行的优先股依靠的是买卖双方的协议转让。公募的优先股上市和挂牌以后可以通过竞价交易或做市交易的方式进行交易和转让。我们可以通过换手率来观察优先股的流动性。由于数据收集的有限性，本书将万得（WIND）数据库中能查询到的美国优先股交易换手率情况进行比较，以分析其流动性情况。其中，部分优先股的流动性较好，如淡水河谷发行的优先股存托股份，其年成交量为 21.16 亿股，年换手率为 66.43%。凤凰公司发行的优先股的换手率也较高，年换手率为 61.59%，但 WIND 数据库中统计的优先股大部分年换手率都很低，基本上都处于 2%以下。由此可见，优先股的流动性要低于普通股。

七、对我国的启示

（一）优先股设计变迁是经济和产业发展演变的结果

从美国优先股制度演变过程可以发现，优先股的产生、制度的初步建立、大危机过后优先股制度陷入困境到优先股制度的改进和逐步完善都是特定历史经济背景下的产物。优先股作为一种特殊的融资工具，拥有其特有的优势，从而助力企业发展。优先股的萌芽就是源于美国铁路大建设时期需要巨额的资金支持，前期资金投入多，同时建成后有客观收益。之后优先股的每一次重大发展、完善的过程都是与经济发展紧密相连的。优先股在美国经济发展和转型中发挥了重大的作用。19 世纪后 30 年，处于重工业化时代的美国最重要的产业是石油业、冶炼业、钢铁业以及化工业等。通过资本市场上的并购等多种手段，各个行业形成了巨无霸企业。这类企业通过资本市场的整合迈向新的高度。美国成功跨越重工业化发展阶段，成为全世界最大的经济体。通过优先股的发展可以看到，此时正是优先股广泛应用之时。优先股在企业快速发展过程中，在企业兼并、产业集中度提高的过程中发挥了重要作用。

20世纪30年代大萧条期间，陷入财务危机的公司侵害优先股股东剩余分配权，公司拒绝对优先股进行赎回、拒绝优先股股东参与对剩余价值的分配、通过资本重组拒绝支付优先股股息，优先股市场出现沉寂。优先股股东权利难以得到保障的现实显示了优先股条款设置的漏洞，继而各界展开完善优先股条款的研究，优先股制度得到进一步完善。20世纪70年代，随着公司资产负债率的提高，需要优先股来改善资本结构与风险。优先股无到期时间，没有还本压力。优先股不需要定期偿付利息，在公司经营遇到困难时可以暂缓支付优先股股息。部分优先股股息可以税前扣除。进一步完善后的优先股在企业融资中扮演了重要角色。20世纪后期，个人电脑终端、电信、互联网以及生物制药等新兴产业崛起。纵观其中的重要企业几乎全部依托以纳斯达克为代表的资本市场而实现发展的。优先股在这个阶段的创新发展及在风险投资领域的快速发展，为美国经济的再次转型发挥了重要作用，可以说是优先股撬动了资本与创新的结合。

优先股在促进金融行业发展中也发挥了重要的作用，从富国银行和高盛集团的案例中可以看到，优先股成为金融行业非常重要的融资工具，补充了大量的资本金。在金融危机时期，优先股也成为拯救危机企业的重要手段，高盛集团和通用电气都通过发行优先股获得资金支持后渡过难关。因此，优先股在不同的经济发展阶段，对促进经济转型和发展有着重要的作用。

（二）优先股产品设计要发挥股债结合的灵活性优势

随着我国资本市场的不断深化，对优先股制度在融资和推动经济发展方面的需求不断加深。优先股具有普通股和债券所不具有的特定的优势，以满足不同投资者的投资需求，有利于丰富资本市场金融产品。从融资角度看，发行优先股能够实现股权融资，同时不稀释控股权。当股票市场处于下跌行

情或发行人遭遇财务困难时，发行普通股失败的概率较高，而优先股不受经营业绩影响享受固定股息，能够在特定融资环境下提高融资成功的概率。优先股在防御恶意收购方面也具有不可比拟的优势。从投资角度看，优先股是一种风险小、收益高的投资工具，其投资风险较普通股小，较债券大，股息收益较债券高，有利于稳健型机构投资者投资。发展一定规模的优先股有利于稳定证券市场，倡导正确的投资意识。优先股具有较为稳定的内在价值，股价波动较小，投资者主要为长期机构投资者，交易换手率低。优先股制度的引入必将提供新的融资产品，丰富投资渠道，改善融资结构，活跃资本市场，利于倡导正确的投资意识，抑制股票市场上的投机之风。

优先股可以作为资本金的补充计入其他一级资本，因此优先股是金融行业补充资本金的重要手段。现阶段，我国重要的系统性银行都发行了优先股进行融资，这对于我国银行业达到《巴塞尔协议Ⅲ》的监管要求产生了重要的作用。我国的银行系统可以将优先股作为常态化的融资手段，类似于富国银行和高盛集团，每年都可以发行一定数额的优先股，优化资产负债结构，提高净资产收益率。

当前，我国除商业银行之外，其他金融机构还没有发行优先股的案例。一方面，这是由于优先股处于试点阶段的政策限制，市场发展还不成熟和完善，融资方和市场对于这种工具的理解还不到位，市场流动性也不足等。另一方面，海外优先股发展的经验证明这个市场还有非常大的成长空间，有着巨大的发展潜力。

（三）要重视新兴产业优先股投融资

当前，我国经济已经进入经济高质量发展阶段，经济增长速度放缓，增长模式和增长结构不断调整和升级，实现投资主导向消费主导转型，从需求拉动到供给侧改革转型，从粗放增长向集约增长转型，资本市场在其中无疑将发挥重要作用。经济改革的一个重要环节就是产业升级，从低端制造业向高端制造业转型，行业龙头企业会显现，并购将是重要的实现手段，并购过程中优先股所具备的特殊的融资功能将显现巨大的魅力，将在实现资源整合中成为有效的资本市场工具之一。与此同时，我国以节能环保、新一代信息技术、高端装备制造、新能源、新材料等为代表的战略性新兴产业要得到发展，在获得政策支持的同时，也必然会需要资本市场有效的资源配置。上述新兴产业一般前期科研投入较高、风险较高、进入门槛较高，需要风险投资的参与，优先股作为特殊的融资工具与这些行业的发展特点较为匹配，可以实现资本市场与创业企业的对接。

第四章
我国优先股市场的发展

一、我国近现代优先股制度的萌芽和案例

　　我国优先股的萌芽在清代末期就产生了，1904 年，晚清"公司律"第201 条中对优先股与特殊的优先股做了规定，对其发行条件并无特别要求，但亏损者不得以股本分派股息。1929 年，民国"公司法"规定了公司只能在增加资本或整理债务时发行优先股。从清末到民国，在铁路业、造船业、棉纺业、公共事业、橡胶种植业以及金融业等领域都有公司发行优先股的案例。

（一）造船业：董家渡船坞和瑞铭船厂优先股

　　近代中国第一家发行优先股的企业是英商董家渡船坞（Pootung Dock）。1890 年 7 月 18 日，《字林西报》首次刊载了该公司优先股的信息，年股息率固定为 10%。成立于 1900 年的瑞铭船厂是 20 世纪初上海地区两家大型外商船厂之一。1921 年，瑞铭船厂向现有股东发行累积优先股。此种优先股股东享有优先分配股息（年股息率固定为 8%）和公司清算时的优先求偿权等权利，但并无议决权。公司如果利润不足甚至亏损，则不派发当年股息，如瑞铭船厂 1934 年和 1935 年未发放股息。优先股的优先权和累积优先股股息并适时补发的优势，在 1935 年的瑞铭船厂和耶松船厂合并案中得到体现。1935 年，瑞铭船厂因造船业不景气面临经营困难，并欲与耶松船厂合并，普通股股东因此提出了还清积欠优先股股息，并赋予优先股议决权后，将优先股转换为普通股的解决方案，提出了将优先股以 8 元的价格溢价赎回的措施。但优先股股东在股东会上以绝对多数否决了上述方案，并提出了以每股 9 元溢价赎回的要求。从瑞铭船厂优先股案例可以看出，优先股股东先于普通股股东分配股息，享受每年 8% 的固定股息，但不参与公司剩余利润分配。公司清算时，优先股股东享有优先求偿权，但不享有资产溢价分配权和议决权。

（二）棉纺业：怡和纱厂优先股

以纱厂为代表的棉纺业是当时上海最发达的工业部门，而怡和纱厂又在上海棉纺业中占有重要地位。怡和纱厂于1897年5月建成投产，纱锭5万枚，由怡和洋行经营管理。1909年，鉴于中国庞大的棉布消费市场以及日本、印度棉布工厂的良好经营情况，怡和纱厂决定涉足织布领域，并打算新建一家织布厂。考虑到订购机器及购买土地等项开支需要巨额资金，怡和纱厂决定增资扩股，发行5 000股优先股，每股100两，从而将公司的额定资本从100万两增至150万两。此次怡和纱厂发行优先股的主要条款为：第一，优先股股东享有优先获得每年7%可累积股息的权利，从缴股日起计息。优先股股东在资本（清算）和股息方面享有优先权，但无参与公司剩余利润和资产溢价分配的权利。第二，优先股股东在股东会上无议决权，也没有参选咨询顾问委员会的资格。第三，公司有再次发行优先股，并使之在法律上享有与现有优先股同等权利的自由。从1910—1924年怡和纱厂的股息发放来看，优先股股东一直获得7%的稳定的收益，而普通股股息率在5%~180%波动。

（三）公用事业：上海自来水公司优先股

上海自来水公司于1880年正式成立，后发展为远东最大的现代化水厂。公司创办时资本额为10万英镑。1932年4月，上海自来水公司决议发行可赎回可累积优先股（股息可累积、由公司在一定期限内回购），并赋予其每年获得7%的固定股息的权利（股息每半年支付一次）。新发行优先股从1932年7月1日起开始计息，因此1932年的股息将为3.5%。同时，上海自来水公司有权在1932年7月1日起的10年后将优先股以票面价值收回，或者发行新一期特种股份。上海自来水公司此次发行优先股前期仅针对该公司1922年发行的八厘（年息8%）债券持有者，之后才面向公司全体股东发行。1932年5月，上海自来水公司对即将到期的10年期八厘公司债券（1922年发行）提出了两种解决方案：以票面价格转为1932年1月发行的新一期六厘（年息

6%）债券；以票面价格转为年股息率 7% 的可收回累积优先股。5 月 31 日之前，优先股的发行仅针对上述公司债券的持有者；从 6 月 1 日起，优先股才面向公司全体股东发行。最终上海自来水公司在 1932 年以发行可赎回优先股的形式完成了增资 100 万两的计划（每股 10 两，共 10 万股）。

（四）金融业：广东银行优先股

成立于 1912 年的广东银行于 1935 年受金融危机影响而宣告停业清理。1936 年，国民政府注资官股对其重组。广东银行重组方案引入了优先股制度。不同于过往的作为融资工具，这一次的优先股还兼有支付工具的功能，这是优先股作为并购重组工具的成功运用。其具体方案为广东银行原有资本 866.56 万元以 1/8 作为普通股；广东银行再发行两类优先股。广东银行发行第一类优先股 200 万元作为新增资本，第二类优先股 450 万元对其债务进行置换与重组，其中广东银行停业前未兑现存款的一半转换成第二类优先股，另一半则由该行分 5 年偿还，不计利息。广东银行在 1936 年改组后实收资本为 776.172 万元，其中第一类优先股 200 万元，第二类优先股 467.852 万元，第二类优先股比原计划多出 17 余万元。普通股按原方案进行折算 108.32 万元。通过引入优先股的重组方案，广东银行得以成功复业，复业当天存款即达 1 000 万元。

二、我国优先股市场的起源（1988—1993 年）

（一）《中华人民共和国公司法》出台前优先股政策

在《中华人民共和国公司法》（以下简称"《公司法》"）出台以前，中央和地方公布的一些规范性文件中就有关于优先股制度的规定。

1992 年 2 月 19 日，深圳市人民政府公布了《深圳市股份有限公司暂行规定》，这是我国优先股立法的最早雏形。其中规定：公司发行普通股和优先股。普通股股东可以通过股东大会行使表决权参与公司管理，每股享有同等表决权。普通股股东有权在公司提取了公积金、公益金以及支付了优先股股息后，参与公司的盈余分配，其红利随公司利润变动。公司破产或终止清算时，普通股股东对公司剩余资产的分配，排在公司债权人和优先股股东之后。优先股股东一般没有表决权。但如果公司连续 3 年不支付优先股的股息，优先股也可获得一股一票的表决权。优先股股息按章程规定的息率或息额支付，公司破产或终止清算时，优先股股东对公司剩余资产的分配排在债权人之后、普通股股东之前。

1992 年 5 月 15 日，国家经济体制改革委员会（以下简称"体改委"）出台了《股份有限公司规范意见》。该规范意见第三章第二十三条规定："公司设置普通股，并可设置优先股。普通股的股利在支付优先股股利之后分配。普通股的股利不固定，由公司按照本规范确定的程序决定。公司对优先股的股利须按约定的股利率支付。优先股不享有公司公积金权益。当年可供分配股利的利润不足以按约定的股利率支付优先股股利的，由以后年度的可供分配股利的利润补足。公司章程中可对优先股的其他权益作出具体规定。"该规范意见第一百零二条规定："公司清偿后，清算组应将剩余财产分配给各股东。分配顺序是：（一）按优先股股份面值对优先股股东分配；如不能足额偿还优先股股金时，按各优先股股东所持比例分配。（二）按各普通股股东的股份比例进行分配。"该规范意见第三十九条规定："优先股股东无表决权。但公司连续三年不支付优先股股利时，优先股股东即享有第四十一条规定的权利。"在这一时期出台的国家层级的法规还有《股份制试点企业会计制度》《股份制试点企业会计制度——会计科目和会计报表》《股份制试点企业财务管理若干问题的暂行规定》，这些法规对优先股股东的股利分配、表决权、清算等方面的权利都做了明确规定。

1992 年 5 月 18 日，上海市出台的《上海市股份有限公司暂行规定》规定了优先股制度，第三十六、三十七条规定了优先股股东优先分配利润和优先股股东在公司清算时享有剩余财产优先分配权。

以上部门和地方规章在《公司法》出台以后失去了法律效力。

（二）金杯汽车优先股：高股息率、可转换

我国优先股的起源是伴随着企业的股份制改革产生的，在没有相关政策和法律制度的情况下，个别企业在进行股份制改造的时候就发行过优先股。1988 年 3 月，沈阳汽车工业公司进行股份制改造，由沈阳汽车工业公司与建设银行沈阳分行信托投资公司共同发起，以沈阳汽车工业公司所属企业资产整体投入成立金杯汽车股份有限公司（以下简称"金杯汽车"）。1988 年 7 月，金杯汽车经中国人民银行沈阳市分行同意向社会公众公开发行可转换优先股100 万股，每股 100 元，合计 1 亿元。金杯汽车发行的优先股股息率为固定的16.5%。1 亿元融资额的股东分红达到 1 650 万元，这给公司造成了较大的财务压力。

1992 年 6 月，在金杯汽车即将上市之际，股东大会通过决议，提前将优先股转为普通股，并将其股票拆细为面值 10 元。1992 年 7 月 23 日，金杯汽车经中国人民银行（证管办）同意，其股票在上交所挂牌上市，上市时总股份为 62 831.19 万股。

（三）深圳发展银行优先股：港币融资、浮动股息

深圳发展银行（以下简称"深发展"）于 1988 年和 1989 年两次发行港币优先股。1988 年 2 月，深圳发展银行发行了港币优先股 10 万股，每股 100 港币。股息率为中国银行个人一年期港币存款利息率各月月末平均值之上再增加年息 3%。1989 年 3 月，深圳发展银行发行优先股 8 万股，每股 100 港币，股息率为中国银行个人一年期港币存款利息率月末平均值之上再增加年息4%。深圳发展银行于 1988 年发行的优先股也按 1989 年发行的优先股的股息率执行。1991 年，深圳发展银行董事会决议以及特别股东会议通过了"1 股

优先股兑换9股普通股"的换股方案，优先股转换为普通股。截至1993年6月16日，深圳发展银行尚有158股外汇优先股未转换为普通股。1994年，深圳发展银行董事会决议决定以每股优先股面值的2.35倍，即235港元的价格赎回剩余优先股。

（四）天目药业优先股：国有法人股转优先股

1989年6月，杭州天目药业股份有限公司（以下简称"天目药业"）在上市前因为股本总额太小，不符合上市条件，为达到要求扩大股本，增扩1 890万股法人股。1993年，天目药业将占总股本21.6%的1 890万股国有股转为优先股，成为上交所和深交所唯一一家拥有优先股的上市公司。1993—1998年的股息率为9.85%，1999—2005年的股息率降为7.65%。2005年，国家启动股权分置改革，天目药业的优先股则在2006年以1∶1的转换比例转为普通股。

综上所述，20世纪80年代末中国发行的优先股如表4-1所示。

表4-1　20世纪80年代末中国发行的优先股

名称	发行日期	面值	实际发行/万股	股息
深发展	1988年2月	100港元	10	1年期港币存款利率月末平均值+3%（1989年调至4%）
金杯汽车	1988年7月	100元	100	16.5%
深发展	1989年3月	100港元	7.135	1年期港币存款利率月末平均值+4%
天目药业	1989年6月	100元	18.9	1993—1998年9.85% 1999—2005年7.65%

20世纪80年代末深圳发展银行、金杯汽车、天目药业等优先股的发行案例标志着改革开放后我国优先股制度的起源与探索。1992年深圳市、上海市以及国家体改委在股份有限公司的相关文件中对优先股的规定，成为我国优先股制度最早的制度设计框架，但在实践中并未得到普遍推广。

三、优先股市场发展停滞阶段（1994—2012 年）

　　1993 年 12 月 29 日，第八届全国人民代表大会常务委员会第五次会议通过《公司法》。但《公司法》中并未明确规定优先股制度。根据《公司法》规定，要确立优先股制度，只能通过行政法规或修改《公司法》的形式。随着《公司法》的实施，优先股制度在我国缺少了法律依据。

　　优先股再次在立法中出现是在 2005 年 11 月 15 日由国务院出台，2006 年 3 月 1 日起实施的《创业投资企业管理暂行办法》。该办法第十五条规定，经与被投资企业签订投资协议，创业投资企业可以以股权和优先股、可转换优先股等准股权方式对未上市企业进行投资。尽管该办法引入了优先股，但是可以适用的投资者尚属有限。2006 年 1 月 1 日起实施的《公司法》在第一百三十一条规定："国务院可以对公司发行本法规定以外的其他种类的股份，另行作出规定"。这里的"其他种类股份"是否只指优先股，并没有明确说明。我国现行的《公司法》尚没有指明股份有限公司是否可以发行优先股，而且在有关利润分配和剩余财产分配上使得优先股处于一个未明确的地位。

　　优先股相较于普通股有利润分配和剩余财产分配上的优先权，要切实保障优先股股东能享有这两项权益，就必须有一套完善的制度。这一时期相关制度的不完善不利于在我国优先股的发展，建立一套完善的相关制度成为我国优先股发展必须解决的问题。

四、优先股重新开展试点（2013 年至今）

改革开放以来，伴随着 A 股市场的发展，我国的优先股市场逐渐成长，经历了起源、停滞以及重新试点等阶段。2013 年以后，我国逐渐重视优先股在资本市场的作用，从上至下建立起了比较完整的优先股试点方案和政策支持体系。

（一）优先股法律法规的重构

优先股的重新试点在"十二五"时期逐渐被提出并实施。2012 年 9 月，《金融业发展和改革"十二五"规划》发布，该规划第四章第一节"着力完善股票市场"，提出"探索建立优先股制度"。2013 年 2 月，上交所会议表示，创新大盘股发行办法，研究推出优先股等新产品。2013 年 5 月，中国证监会新闻发言人表示，中国证监会正在积极推进优先股相关研究工作。2013 年 6 月，中国证监会发布关于推进新股发行体制改革的意见稿。其中，在推进新股市场化发行机制中，中国证监会强调申请首次公开发行股票的在审企业，可申请先行发行公司债。积极探索和鼓励企业以发行普通股之外的其他股权形式或以股债结合的方式融资。这从政策层面再次证实了探索优先股的融资方式、在新股发行机制中运用的可能性。2013 年 11 月 30 日，国务院正式发布《国务院关于开展优先股试点的指导意见》（国发〔2013〕46 号）。2014 年 3 月 21 日，中国证监会发布了《优先股试点管理办法》（证监会令第 97 号）。2014 年 5 月 9 日，上交所发布《上海证券交易所优先股业务试点管理办法》。2014 年 6 月 12 日，深圳证券交易所公布了《深圳证券交易所优先股试点业务实施细则》。2015 年 9 月 21 日，全国中小企业股份转让系统有限责任公司（以下简称"全国股转公司"）发布了《全国中小企业股份转让系统优先股业务指引（试行）》。至此，从国家层面、监管部门层面、再到交易所层面，优先股的政策构建基本完成。

（二）优先股发行的重启

1. 重启后首只优先股——农行优 1 发行

2014 年 11 月 28 日，中国境内资本市场的首只优先股——农行优 1（证券代码 360001）正式完成发行及挂牌工作。作为境内资本市场首只最优先股产品，农行优 1 在发行方案、流程和定价等方面也实现了重大创新和突破，成为后续优先股发行的行业标杆。农行优 1 的股息率确定由基准与固定溢价合计计算决定。固定溢价是由首次发行时市场询价确定的股息率减去发行时相应期限的国债收益率决定；固定溢价确定后将在未来保持不变。

农行优 1 的发行还较为有效地补充了一级资本、增强可持续发展能力，并实现了商业银行资本结构的优化以及资本成本的有效节约。以 2013 年年末数据为基准计算，农业银行在此次发行 400 亿元优先股后，一级资本充足率将提升约 0.41 个百分点。

2. 首只"新三板"优先股——中视优 1 发行

2016 年 3 月 23 日，"新三板"挂牌公司中视文化发行优先股完成备案审查，优先股证券简称为"中视优 1"，证券代码为 820002。中视文化 2014 年 1 月 24 日在全国股转系统挂牌转让，主办券商为金元证券，主营业务为广告代理、媒体经营、演艺经纪和影院经营。中视文化是自 2015 年 9 月 22 日股转系统发布《全国中小企业股份转让系统优先股业务指引（试行）》及相关业务指南后首家完成优先股发行的挂牌公司，其按照结算的要求办理优先股登记后正式申请在股转系统办理优先股挂牌手续。

中视文化非公开发行的优先股的种类为可累积、非参与、设回售及赎回条款、不可转换的优先股，在会计处理上计入金融负债。中视优 1 的发行规模为 1 000 万元，票面股息率为 4%，用于儋州中视国际影城（夏日店）建设及补充流动资金。其发行对象海南联合股权投资基金管理有限公司是由海南联合资产管理公司及海南扶贫工业开发区总公司双方出资设立的国有独资股权基金管理公司。

后来，包括齐鲁银行在内的多家"新三板"挂牌公司均已发布非公开发

行优先股预案，筹备优先股发行事宜。对于优先股挂牌后的转让工作，目前
全国股转系统已经为优先股提供转让服务。"新三板"优先股第一单的落地以
及建立的优先股转让流通机制，将丰富"新三板"市场的融资工具和投资工
具，增加二级市场的流动性。

1. 发行规模

《优先股试点管理办法》实施以来，截至 2020 年第一季度末，我国国内
交易所市场已经成功发行优先股 46 只，募集资金总额为 8 837.6 亿元（见表
4-2）。其中，商业银行共发行 34 只，占发行总数的 73.9%。商业银行优先股
募集资金为 8 371.5 亿元，占募集资金总额的 94.7%。因此，我国的商业银行
是发行优先股的主要群体。从单只优先股发行金额来看，工商银行发行的工
行优 1 和交通银行发行的交行优 1 募集资金总额最高，为 450 亿元。募集资金
最少的是蒙草优 1，募集资金为 8 亿元。

表 4-2　我国优先股的发行金额和发行数量

年份	优先股统计	
	优先股数量/只	优先股募集资金/亿元
2014	5	1 030.00
2015	12	2 007.50
2016	12	1 623.00
2017	1	200.00
2018	7	1 349.76
2019	6	2 550.00
2020	3	77.35
合计	46	8 837.61

我国内地企业在香港成功发行优先股 5 只，包括中国银行发行的美元优先股，融资规模为 65 亿美元；工商银行发行的美元、欧元和人民币优先股，融资规模分别为 29.4 亿美元、6 亿欧元和 120 亿元人民币；建设银行发行的美元优先股，融资规模为 30.5 亿美元；交通银行发行的美元优先股，融资规模为 24.5 亿美元；民生银行发行的美元优先股，融资规模为 14.39 亿美元（见表 4-3）。

表 4-3　我国内地企业在香港发行优先股情况

优先股	规模	股息/%	赎回	保荐机构
中国银行（境外）	65 亿美元	6.75	5 年可赎回	中银国际
工商银行（境外）	29.4 亿美元，6 亿欧元，120 亿元人民币	6.00	5~7 年可赎回	工银国际
建设银行（境外）	30.5 亿美元	4.65	—	建银国际
交通银行（境外）	24.5 亿美元	5	—	—
民生银行（境外）	14.39 亿美元	4.95	永续	民生银行香港分行

2. 发行成本

从发行费用来看，发行费用基本和募集金额成正比。发行费用最高的是兴业优 3，发行费用为 6 698.8 万元。发行费用最少的是贵银优 1，发行费用为 303 万元。从发行费率来看，银行发行的优先股由于金额大、信用等级高，单位发行成本是最低的。银行优先股的发行费率普遍都比较低，国有商业银行的发行费率一般未超过 0.2%。发行费率最低的中行优 3 仅为 0.02%。城商行的发行费率也约为 0.5%。而其他行业优先股的发行费率比较高，最高的电建优 1 的发行费率为 2.00%（见表 4-4）。

中建优 1 和中原优 1 已经由发行人赎回。2020 年 3 月 3 日，中国建筑发布公告，已全部赎回公司发行的 15 000 万股优先股股票。中原高速分别于 2018 年 6 月 9 日和 2019 年 7 月 1 日赎回 1 700 万股优先股股票，全部赎回所发行优先股。

表4-4 我国境内优先股发行成本

证券简称	挂牌日期	股息率/%	募集金额/万元	发行费用/万元	发行费率/%
农行优 1	2014-11-28	6	4 000 000	5 590	0.14
中行优 1	2014-12-08	6	3 200 000	3 819	0.12
浦发优 1	2014-12-18	6	1 500 000	4 017	0.27
兴业优 1	2014-12-19	6	1 300 000	4 183	0.32
康美优 1	2014-12-30	7.5	300 000	3 230	1.08
中建优 1（退市）	2015-03-20	5.8	1 500 000	2 459	0.16
浦发优 2	2015-03-26	5.5	1 500 000	3 937	0.26
农行优 2	2015-03-27	5.5	4 000 000	4 534	0.11
中行优 2	2015-03-31	5.5	2 800 000	3 022	0.11
兴业优 2	2015-07-17	5.4	1 300 000	5 284	0.41
光大优 1	2015-07-21	5.3	2 000 000	3 000	0.15
中原优 1（退市）	2015-08-10	5.8	340 000	2 889	0.85
中交优 1	2015-09-22	5.1	900 000	2 032	0.23
电建优 1	2015-10-26	5	200 000	4 006	2.00
中交优 2	2015-11-06	4.7	550 000	1 127	0.20
宁行优 01	2015-12-09	4.6	485 000	2 425	0.50
工行优 1	2015-12-11	4.5	4 500 000	5 334	0.12
北银优 1	2016-01-04	4.5	490 000	2 812	0.57
南银优 1	2016-01-11	4.58	490 000	2 619	0.53
平银优 01	2016-03-25	4.37	2 000 000	4 750	0.24
晨鸣优 01	2016-04-08	4.36	225 000	1 125	0.50
华夏优 1	2016-04-20	4.2	2 000 000	2 209	0.11
光大优 2	2016-08-26	3.9	1 000 000	1 500	0.15
北银优 2	2016-08-26	4	1 300 000	3 075	0.24
晨鸣优 02	2016-09-12	5.17	100 000	500	0.50
南银优 2	2016-09-26	3.9	500 000	2 500	0.50

表4-4(续)

证券简称	挂牌日期	股息率/%	募集金额/万元	发行费用/万元	发行费率/%
交行优1	2016-09-29	3.9	4 500 000	4 795.85	0.11
晨鸣优03	2016-10-24	6.17	125 000	625	0.50
中信优1	2016-11-21	3.8	3 500 000	4 803	0.14
苏银优1	2017-12-21	5.2	2 000 000	2 217	0.11
杭银优1	2018-01-04	5.2	1 000 000	2 174	0.22
上银优1	2018-01-12	5.2	2 000 000	4 540	0.23
招银优1	2018-01-12	4.81	2 750 000	3 225	0.12
建行优1	2018-01-15	4.75	6 000 000	2 284.9	0.04
牧原优01	2018-02-06	6.8	247 593	1 624	0.66
宁行优02	2018-11-28	5.3	1 000 000	1 150	0.12
贵银优1	2018-12-12	5.3	500 000	303	0.06
兴业优3	2019-04-26	4.9	3 000 000	6 698.8	0.22
中行优3	2019-07-17	4.5	7 300 000	1 606	0.02
光大优3	2019-08-05	4.8	3 500 000	3 850	0.11
中行优4	2019-09-17	4.35	2 700 000	989	0.04
工行优2	2019-10-16	4.2	7 000 000	2 065.6	0.03
民生优1	2019-11-08	4.38	2 000 000	2 655	0.13
长银优1	2020-01-21	5.3	600 000	892	0.15
蒙草优01	2020-02-26	7.5	80 000	1 115	1.39
铁汉优01	2020-02-26	7.5	93 500	1 394.8	1.49

第五章
我国优先股发行（融资）产品设计

一、我国优先股发行产品的设计理念与设计要素

（一）优先股发行的监管规则

1. 发行主体和发行方式的规定

（1）公开和非公开发行要求。《国务院关于开展优先股试点的指导意见》（以下简称"《指导意见》"）从发行人范围、发行条件、公开发行规定的事项三个方面进行了相关规定。只有"证监会规定的上市公司"才能发行公开发行优先股。所谓公开发行，是指《中华人民共和国证券法》第九条规定的下列公开发行的情形：第一，向不特定对象发行证券的；第二，向特定对象发行证券累计超过 200 人，但依法实施员工持股计划的员工人数不计算在内；第三，法律、行政法规规定的其他发行行为。非公开发行证券，不得采用广告、公开劝诱和变相公开方式。除以上情况之外的发行则为非公开发行。需要特别注意的是，如果向特定对象发行证券，只要累计超过 200 人的，也视为公开发行。满足"上市公司（含注册地在境内的境外上市公司）和非上市公众公司"条件的公司则可以非公开发行优先股。根据《非上市公众公司监督管理办法》非上市公众公司（以下简称"公众公司"）是指有下列情形之一且其股票未在证券交易所上市交易的股份有限公司：第一，股票向特定对象发行或者转让导致股东累计超过 200 人；第二，股票众公开转让。

《优先股试点管理办法》（以下简称"《管理办法》"）进一步明确了三类上市公司可以公开发行优先股，即普通股为上证 50 指数成份股；以公开发行优先股作为支付手段收购或吸收合并其他上市公司；以减少注册资本为目的回购普通股的，可以公开发行优先股作为支付手段，或者在回购方案实施完毕后，可以公开发行不超过回购减资总额的优先股。上市公司可以发行优先股，既可以采用公开发行的方式，也可以采用非公开发行的方式；非上市公众公司只可以采用非公开发行的方式发行优先股。

（2）发行主体的盈利要求。上市公司公开发行优先股，应满足《管理办法》第二十七条规定的"上市公司最近三个会计年度应当连续盈利。扣除非经常性损益后的净利润与扣除前的净利润相比，以孰低者作为计算依据"。上市公司非公开发行优先股，不再要求连续三年盈利，但需要满足"最近三个会计年度实现的年均可分配利润应当不少于优先股一年的股息"。非上市公众公司非公开发行优先股没有盈利要求，只需满足合法规范经营、公司治理机制健全、依法履行信息披露义务。

2. 发行条款的规定

（1）发行数量和金额的规定。公司已发行的优先股不得超过公司普通股股份总数的50%，在筹资金额上满足不得超过发行前净资产的50%的条件。对于公开发行优先股的公司，在公司章程中则要规定：第一，采取固定股息率；第二，在有可分配税后利润的情况下必须向优先股股东分配股息；第三，未向优先股股东足额派发股息的差额部分应当累积到下一会计年度；第四，优先股股东按照约定的股息率分配股息后，不再同普通股股东一起参加剩余利润分配。

优先股票面金额统一为100元，非公开发行优先股票面股息率不得高于最近两个会计年度的加权平均净资产收益率。

（2）转换和回购的规定。关于优先股的转换和回购，《指导意见》规定，公司可以在公司章程中规定优先股转换为普通股，发行人回购优先股的条件、价格和比例。按是否可以转换为普通股，优先股可以分为可转换优先股和不可转换优先股。按是否可以回购，优先股可以分为可回购优先股和不可回购优先股。同时，转换权或回购选择权可以由发行人或优先股股东行使。《指导意见》强调，在试点期间，我国只发行在股息分配和剩余财产分配上同级别的优先股，不允许发行在股息分配和剩余财产分配上具有不同优先顺序的优先股，但可以发行在其他条款上具有不同设置的优先股。

《管理办法》规定，不能发行可转换优先股，商业银行除外。根据《巴塞尔协议》的要求，不可累积股息的永久性优先股才可以被计入银行其他一级资本。上市银行非公开发行优先股时，可以根据商业银行资本监管的规定，当触发事件发生时，将优先股强制转换为普通股。

（3）发行程序。

①上市公司发行程序：董事会公开披露优先股发行预案，独立董事发表专项意见；股东大会审议并表决；保荐人保荐并向中国证监会申报，可申请一次核准，分次发行，不同批次发行的优先股除票面股息率外，其他条款应当相同；发审委会议核准发行申请。

②非上市公众公司发行程序：董事会作出决议报股东大会批准；股东大会审议表决，其审核（豁免）和发行按照《非上市公众公司监督管理办法》办理。

3. 表决权限制与恢复的规定

根据优先股的含义可以知道，优先股参与公司决策管理等权利是受到限制的，但是在修改公司章程中与优先股相关的内容，一次或累计减少公司注册资本超过10%，公司合并、分立、解散或变更公司形式，发行优先股等情况下，优先股股东是可以出席股东大会会议，所持股份也具有表决权的。除此之外，在公司累计三个会计年度或连续两个会计年度未按约定支付优先股股息的情况下，优先股股东有权出席股东大会，每股优先股股份享有公司章程规定的表决权。优先股股东的这种表决权恢复直至公司全额支付所欠股息（对于股息可累积到下一会计年度的优先股）及公司全额支付当年股息（对于股息不可累积的优先股）。

4. 利润和剩余财产分配的规定

优先股股东与普通股股东享有不同的利润分配权，优先股股东是按照约定的票面股息率，优先于普通股股东分配公司利润，并且需采用现金的形式向优先股股东支付股息。在没有完全支付约定的股息之前，公司不得向普通股股东分配利润。优先股股东在享有剩余财产的优先分配权方面，主要是体现在当公司因解散、破产等原因进行清算时，按照《中华人民共和国公司法》和《中华人民共和国破产法》有关规定进行清偿后的公司剩余财产，要优先向优先股股东支付未派发的股息和公司章程约定的清算金额，如不足以支付就按照优先股股东持股比例分配。

这些优先股股东的"优先"权利的具体体现还应在公司章程中予以明确。一是股息可以是固定股息，也可以是浮动股息，应当明确计算方法。二是必须明确在有可分配税后利润的情况下是否必须分配利润（明确该事项有利于避免争议）。由于优先股股东的投票权等受到限制，如果公司一直不分红，优先股股东的优先分红权将难以得到保障，不利于保护其合法权益。当然如果优先股股东将是否分红的权利交给普通股股东来决定，这就涉及权利的选择和放弃的问题。三是明确优先股的分红是否累积。"累积"是指公司在停止派发股息一段时间后恢复派息时，须清偿停止派息期间欠优先股股东的股息。

5. 商业银行发行优先股的特殊规定

商业银行是发行优先股最主要的行业之一，且《巴塞尔协议》规定优先股可以作为补充一级资本的资本工具。因此，《指导意见》对商业银行发行优先股进行了特殊规定。在发行人回购优先股条款中，若发行人要求回购优先股的，必须完全支付所欠股息。但是，商业银行发行优先股补充资本的话，则在回购优先股时，不受必须完全支付所欠股息的限制。

在公开发行条款中，公司公开发行优先股的，应当在公司章程中规定固定股息率；在有可分配税后利润的情况下必须向优先股股东分配股息；未向优先股股东足额派发股息的差额部分应当累积到下一会计年度；优先股股东按照约定的股息率分配股息后，不再同普通股股东一起参加剩余利润分配等事项。但是，商业银行发行优先股补充资本的，可就在有可分配税后利润的情况下必须向优先股股东分配股息、未向优先股股东足额派发股息的差额部分应当累积到下一会计年度进行另行规定。

2014年4月3日，《中国银监会 中国证监会关于商业银行发行优先股补充一级资本的指导意见》发布，作为商业银行发行优先股的规范性文件。本书对《中国银监会 中国证监会关于商业银行发行优先股补充一级资本的指导意见》的解读如表5-1所示。

表 5-1　《中国银监会 中国证监会关于商业银行发行优先股补充一级资本的指导意见》
解读

项目	内容
背景和意义	一是为商业银行发行优先股补充资本提供了清晰的指导。与一般公司不同，商业银行发行优先股的目的在于补充其他一级资本，其条款必须符合《商业银行资本管理办法（试行）》有关资本工具的合格标准，并履行相应的申请审批程序。 二是有助于拓宽商业银行的资本补充渠道。商业银行通过发行优先股补充一级资本，有助于商业银行构建多层次、多元化的资本补充渠道，进一步夯实资本基础，可持续地支持实体经济发展
主要内容	一是确定了商业银行发行优先股的准入条件。商业银行应符合国务院、中国证监会的相关规定及中国银保监会关于募集资本补充工具的条件，且核心一级资本充足率不得低于中国银保监会的审慎监管要求。 二是指明了商业银行发行优先股的申请程序。商业银行应首先向中国银保监会提出发行申请，取得中国银保监会的批复后，向中国证监会提出申请。该指导意见简化了优先股发行涉及的资本补充、章程修订等行政许可程序。 三是明确了优先股作为其他一级资本工具的合格标准。指导意见对优先股股息支付、投资者回售、强制转换为普通股等条款予以明确，使优先股作为其他一级资本工具更具可操作性
发行标准	商业银行发行优先股的目的在于补充一级资本，其条款必须符合《商业银行资本管理办法（试行）》有关其他一级资本工具的合格标准。 一是股息支付条款。在任何情况下商业银行均有权取消优先股的股息支付且不构成违约事件；未向优先股股东足额派发的股息不累积到下一计息年度。 二是投资人回售条款。商业银行不得发行附有回售条款的优先股。 三是强制转换为普通股条款。商业银行应设置将优先股强制转换为普通股的条款，即当触发事件发生时，商业银行按合同约定将优先股转换为普通股。 四是转股价格和数量的确定方式。该指导意见未做具体规定，允许发行人和投资者通过合约方式约定
投资者保护	一是严格发行条件。该指导意见规定，商业银行发行优先股，应符合相关监管规定，且核心一级资本充足率不得低于中国银保监会的审慎监管要求。 二是强化信息披露。该指导意见要求商业银行充分履行信息披露和告知义务，强化市场约束机制。例如，发行合约对于股息支付、强制转换为普通股等核心条款要予以明确约定，商业银行要按规定披露相关信息。 三是限制发行方式。该指导意见规定，商业银行发行包含强制转换为普通股条款的优先股必须采取非公开方式，主要面向以机构投资者为主体的合格投资者发行。 四是明确商业银行有权取消优先股的股息支付的同时，要求商业银行行使权利时应充分考虑优先股股东的权益。商业银行在发行合约中可以约定，如果取消优先股的股息支付，将对普通股的收益分配构成限制

2019 年，中国银保监会、中国证监会发布了《中国银保监会 中国证监会关于商业银行发行优先股补充一级资本的指导意见（修订）》，删除了非上市商业银行发行优先股需先在"新三板"市场挂牌的要求，即股东人数累计超过 200 人的非上市银行，在满足发行条件和审慎监管要求的前提下，可直接发行优先股。此举有力促进了中小型商业银行多渠道补充资本，满足《巴塞尔协议》关于资本充足率的要求，提升非上市银行信贷投放能力，鼓励中小型上市银行为地区经济发展提供更多金融服务。修订后的指导意见进一步强调优先股发行应遵循市场化原则，优先股定价应充分反映其风险属性，充分揭示其损失吸收特征，有利于保障优先股投资者权益，促进国内市场健康发展，增强商业银行资本补充的可持续性。

（二）优先股发行产品的设计理念

1. 注意股东之间权益的平衡

优先股发行（融资）产品设计要平衡优先股股东与普通股股东之间、普通股大股东和中小股东之间的权益。优先股股东和普通股股东在利益上大部分时候是一致的，比如都希望公司不断盈利分红。但是，在有些时候由于投票权受到限制，优先股股东的权利可能受到侵犯。例如，20 世纪 30 年代的大萧条期间，美国陷入财务危机中的公司侵害优先股股东盈余分配权的事件时有发生。因此，才有了优先股股东表决权的恢复以及"偿债基金"等保障优先股股东权利条款的产生。同时，大股东和中小股东在权益上有时是一致的，有时是不一致的。大股东可能通过设置高股息率转移公司利润，伤害中小普通股股东的利益。因此，在优先股的设计过程中，公司必须统筹考虑优先股股东、普通股大股东和中小股东之间的利益。

《指导意见》对优先股股东的权利规定比较到位。一是优先分配利润的权利。优先股股东按照约定的票面股息率，优先于普通股股东分配公司利润。二是优先分配剩余财产权利。公司因解散、破产等原因清算时，剩余财产优先向优先股股东支付。优先股股东在获得这些优先权之后，失去的是对经营管理的投票权。同时，为了保护优先股股东的权利不受侵害，《指导意见》对优先股的发行数量和发行金额进行了限制，防止普通股股东通过发行优先股，回购普通股减少股本，让优先股股东承受经营风险和财务风险。《管理办法》第二十三条规定："上市公司已发行的优先股不得超过公司普通股股份总数的百分之五十，且筹集资金额不得超过发行前净资产的百分之五十，已回购、转换的优先股不纳入计算。"为了防止普通股股东在根本无法支付股息的情况下发行优先股，《管理办法》第十九条规定："最近三个会计年度实现的年均可分配利润应当不少于优先股一年的股息。"为了防止普通股股东恶意欠息，《指导意见》进一步规定"公司累计 3 个会计年度或连续 2 个会计年度未按约定支付优先股股息的，优先股股东有权出席股东大会"，即恢复优先股表决权。

为了防止大股东和优先股股东通过设立高股息率侵占公司利润，侵害中小股东的权利，《管理办法》对优先股的股息率进行了限制，规定"非公开发行优先股的票面股息率不得高于最近两个会计年度的年均加权平均净资产收益率"，即设置了股息率的上限。

优先股条款需在股息率的高低、可否累积、可否参与分配设计等方面充分考虑不同股东的权益。否则，有可能造成股东之间的利益冲突，导致公司经营的恶化，最终损害所有股东的权益。

2. 降低发行成本和融资成本

优先股的发行成本包含了保荐承销人的佣金和股票承销费用，会计师事务所的审计费用，律师事务所的法律咨询、法律意见书费用等。在发行方式上，公开发行的难度要高于非公开发行的难度，公开发行的费用也高于非公开发行的费用。产品设计人要根据发行人的要求，选择恰当的发行方式，降低发行费用。

产品设计人应充分考虑市场上的资金供给和资金需求情况，根据发行人的主体评级，参考相同评级的优先股股息和债券利息，提出股息率的波动区间。一般来讲，由于优先股的利润分配顺序和财产清偿权利在债权人之后，同样主体评价发行的债券利率要低于优先股的股息率。同时，设计人应广泛

询价，最终确定合适的发行股息率，在保障成功发行的前提下尽可能降低融资成本。

3. 有效控制发行（融资）风险

发行人在优先股发行之前，主要面临的是发行风险，即无法在规定的时间内找到合适的投资人。《管理办法》对发行的时间做了以下规定：自中国证监会核准发行之日起，公司应在 6 个月内实施首次发行，剩余数量应当在 24 个月内发行完毕。如果 6 个月未能成功发行，就需要重新报中国证监会核准。因此，这需要设计合适的条款来吸引投资者，并与潜在的投资者加强沟通。

发行人在优先股发行之后，主要面临的是利率风险。如果市场利率在发行后不断下调，那么将给发行人造成较大的财务负担。因此，为了防止利率风险，发行人要综合运用浮动股息率的设计以及设置赎回权。发行人还需要考虑公司控制权问题，如果优先股股东恢复投票权，将稀释普通股股本，造成公司控制权的转移。这需要在发行规模、优先股投票权恢复等条款上进行有效设计。

（三）我国优先股发行产品的设计要素

优先股发行（融资）产品设计综合运用优先股设计中的各类元素，比如股息率的固定或浮动设计、可累积或不可累积的设计、可参与分配或不可参与分配的设计，以满足投融资双方的需要。不同的行业在进行优先股设计的时候也会有侧重点，比如商业银行优先股应注重存续时间的永久性、股息的非累积性以及发行人的可赎回性，这样才能满足计入其他一级资本的要求。新兴产业优先股需要考虑投资方对收益和风险的考量。发行人的融资用途不同设计方案也不相同，有的公司发行优先股是为了满足基本的融资需求，有的公司发行优先股是用于债务置换，有的公司发行优先股是用于并购重组支付，有的公司发行优先股是用于回购普通股。不同的融资用途使优先股的设计方案各有特点。上市公司板块的不同也会对优先股产品设计造成影响，上证 50 板块可以选择公开发行优先股，其他板块只能选择非公开发行。A 股上市公司发行优先股必须经过中国证监会核准后发行，"新三板"挂牌企业可以备案发行。发行方式不同设计方案也不相同，公开发行优先股必须是固定股息，有利润须强制派息且股息是可累积的，非公开发行优先股则要灵活得多。总之，优先股的产品设计需要因地制宜，在现有的法律和政策基础之上，结合市场环境，灵活运用各种元素，设计出符合投融资双方需求的产品，才能更好地满足投资方和融资方的需求。这也是优先股相对普通股和债券融资的优势所在。

1. 股息设计

（1）固定股息和浮动股息。股息率可以采用多种设计方式，如固定股息率、浮动股息率以及固定股息率和浮动股息率相结合。不同的股息率设计方式是为了在满足投资者股息回报的前提下，尽可能降低发行方的成本，规避利率波动的风险。美国优先股根据股息率是否可调整分为可调整优先股和不可调整优先股。从表5-2可以看出，美国发行可调整优先股的比重要远高于不可调整优先股的比重，即浮动利率优先股占了发行总金额的大部分。

表5-2　美国可调整优先股发行情况

时间	可调整优先股/亿美元	优先股总额/亿美元	比例/%
1982年5月至1982年12月	30.22	42.74	70.7
1983年1月至1983年6月	29.11	50.46	57.7
1983年7月至1983年12月	18.32	21.67	84.5
1984年1月至1984年6月	16.3	21.19	76.9
合计	93.95	136.06	69.1

　　第一种类型是固定股息率。固定股息率是最简单的一种设计方式，即在优先股发行时根据当时市场的发行利率设定一个投融资双方都可以接受的固定不变的股息率。固定股息率简单明了，但是缺点比较多。由于优先股很大一部分是永久优先股或年限非常长，固定收益的股息受到利率环境的影响很大。如果利率大幅上升，融资方受益而投资方受损。如果利率大幅下降，投资方受益而融资方受损。因此，固定股息率会给投资方和融资方都带来利率

风险。在固定股息率条件下，如果要规避利率风险，投资方就会要求回售权，融资方则希望拥有回购权。我国已经发行的优先股中，中行优 1、中行优 2、平安优 1 和中原优 1 采取了固定利率设计（见表 5-3）。

表 5-3　我国固定利率优先股发行情况

优先股名称	固定股息率条款表述
中行优 1	票面股息率为 6.0%，票面股息率在存续期内不变
中行优 2	票面股息率为 5.5%，票面股息率在存续期内不变
平安优 1	本次优先股的票面股息率通过市场询价确定为 4.37%
中原优 1	票面股息率为 5.80%，在存续期内不变

第二种类型是浮动股息率。从美国的经验来看，可调整优先股可以采用 3 个月 LIBOR 作为基准利率，再加上一个固定溢价；也可以根据美国国债收益率曲线上 3 个月、10 年、30 年 3 个期限利率，在一个预先确定的利差基础上按季度重新设定。这个预先设定的利差被称为股息率重设利差。用收益率曲线上的基准利率加上或减去股息率重设利差即可得到可调整优先股股息率。股息率利差往往被表示成一个百分比。例如，美国 MBNA 公司在 1996 年 9 月发行的优先股股息率是 3 个月、10 年和 30 年期国债中利率最高的一个的 99%，此外，股息率的上限为 11.5%，下限为 5.5%。

我国浮动股息率优先股可以采取两阶段浮动：第一阶段一般为赎回日之前，第二阶段通常为赎回日之后。浮动股息率优先股也可以设定若干年一个周期，一般是 3~5 年的调整周期。优先股股息率的调整可以采取固定比例变动的方式。例如，晨鸣优 1 规定，优先股票面股息率为 4.36%，第 1~5 个计息年度保持不变，自第 6 个计息年度起，如果公司不行使全部赎回权，每股票面股息率在第 1~5 个计息年度股息率基础上增加 2 个百分点（原票面股息率+2%），第 6 个计息年度股息率调整之后保持不变。优先股股息率的调整也可以设定一个基准股息率和固定溢价，根据基准利率的变化调整股息率。例如，农行优 1 以 5 年为一个股息率调整期，每个股息率调整期内每年以约定的相同票面股息率支付。股息率包括基准利率和固定溢价两个部分。首个股息率调整期的基准利率为 3.71%，即 5 年的国债收益率为基准利率，固定溢价为 2.29%。

第三种类型是固定股息率和浮动股息率相结合。这种类型是同时设定一个固定股息和一个浮动股息，将固定股息和浮动股息进行比较，采用较高的一个作为实际股息发放的标准。这实际上是设定了一个保底的股息率。固定股息作为保底股息，浮动股息随市场而动。这种设计方式在美国市场比较常见，但在我国优先股市场中还未见到。

（2）股息是否可累积。优先股按照股息是否可累积分为累积优先股（可累积优先股）和非累积优先股（不可累积优先股）。累积优先股是指公司在停止派发股息一段时间后恢复派息时，须清偿停止派息期间累积所欠优先股股东的股息。因此，这些优先股又被称为累积优先股，累积优先股会列明股息收益率。与之对应的是非累积优先股，当期的优先股股息只能在当期内分配，不能延迟到下一期间。但是，如果多次不发放股息，优先股股东就会享有和普通股股东一样的投票权。

银行发行的优先股一般都为非累积优先股，这是根据《巴塞尔协议》的要求，只有永久不可累积优先股才能计入一级资本。其他行业的优先股发行由于需要吸引投资人，一般设计为累积优先股。对于股东来说，股息收入只是时间迟早的问题，这就有利于保护优先股投资者的利益。

我国发行的优先股中，银行类优先股都是不可累积优先股，非银行优先股如晨鸣纸业、中原高速、中国建筑属于可累积优先股，中国交建、中国电建也采取非累积的形式。

（3）股息发放频率。我国优先股的股息发行频率都是 1 年。在美国，优先股股息发放频率一般是 3 个月或 1 个月。优先股股息发放频率越高，对投资方越有利。

2. 可赎回条款

优先股按照是否可由发行人赎回分为可赎回优先股和不可赎回优先股。目前，美国市场大部分优先股都是可赎回优先股。可赎回优先股有利于发行人规避利率风险，可以选择在股息率相对于市场利率过高的时候赎回优先股。

当然，赎回优先股有一定的条件限制，如赎回年限，即在一定期限以内不得赎回；或者赎回价格，即赎回时会在发行价格上增加一定幅度的溢价。

2011年3月19日，高盛集团宣布赎回伯克希尔·哈撒韦公司及其部分附属公司持有的全部5万份G序列10%累积永久优先股，赎回价格为每份优先股11万美元，并支付应付和未付的股息。高盛集团确认的赎回日期为4月18日。根据2008年10月巴菲特获得这部分优先股时达成的协议，伯克希尔·哈撒韦公司将继续持有43 478 260份高盛集团普通股认购权。

此次赎回对高盛集团和伯克希尔·哈撒韦公司都是有利的。对高盛集团而言，赎回完成后，其将不必支出高昂的固定股息。高盛集团的声明指出，本次的优先股赎回交易包括了一笔16.4亿美元的一次性优先股息派发，成本将计入高盛集团第一季度业绩报告。这将使得高盛集团同期普通股每股可分配盈利减少约2.80美元。赎回交易还将包括从4月1日到赎回日为止的应付优先派息2 400万美元，这笔款项将提前计入高盛集团第一季度业绩，并使得每股盈利下降4美分。在优先股未赎回前，高盛集团每季度提供给伯克希尔·哈撒韦公司的股息是1.25亿美元，这部分成本使得高盛集团2010年普通股每股盈利业绩下降了85美分。当然，高盛集团在赎回优先股后也减少了55亿美元的权益资本，但是完全可以通过再次发行低股息优先股进行补充。

对伯克希尔·哈撒韦公司而言，投资高盛集团优先股的回报非常丰厚。一是高盛集团赎回优先股有10%的溢价。2008年，伯克希尔·哈撒韦公司购买高盛集团优先股花费了50亿美元，10%的溢价意味着高盛集团赎回优先股用了55亿美元。二是固定收益可观。高盛集团向伯克希尔·哈撒韦公司发行的优先股为累积优先股，年股息率为10%。由于高盛集团没有及时支付固定股息，赎回时实际支付的固定股息为16.64亿美元。以上两项加起来，伯克希尔·哈撒韦公司2008年50亿美元的优先股投资在高盛集团赎回时获得了21.64亿美元的回报。

不可赎回优先股会面临很大的利率风险，但是一般都有其他条件作为辅助来规避风险。有的含有非永久条款，即设有到期日。例如，美国电塔（American Tower Corp）发行的A系列优先股就是不可赎回的，但是它设有到期日。有的含有转股条款，即发行人有权在一定条件下可将优先股转为普通股。例如，科凯国际集团（Key Corp）发行的 A 系列优先股，就包含优先股转为普通股的条款。有的包含非累积条款，即发行人虽然不能赎回，但可以选择不发放股息。例如，亨廷顿银行（Huntington Bancshares Inc）发行的 A 系列优先股。

我国的优先股都是可赎回优先股，赎回期限一般设计为 5 年，赎回价格略有不同，如果是累积优先股，赎回价格会加上未支付股息；如果是非累积优先股，赎回价格一般是加上当年决议支付但未支付的股息。

3. 可转换条款

优先股按照是否可以转换为普通股分为可转换优先股和不可转换优先股。如果优先股在未来某个时间可以转换成普通股，那么优先股将更加具有吸引力。在普通股股价较高时，优先股按照约定的较低的价格转为普通股，就可以获得普通股转股价和市场价之间的价差收益。可转换优先股实质上是在优先股的基础上加入了"期权"的设计，即赋予优先股股东在目标公司业绩达到特定目标的情况下，保留以特定转换比例将优先股转为普通股的选择权。因此，一些公司为了多吸引投资者，增强股票的市场流通性，往往发行可转换优先股。公司在发行可转换优先股时，应当事先确定可转换比率（优先股换成普通股的转换率）及可转换期间等条件。

（1）案例分析：花旗集团优先股转普通股。2009 年 2 月 27 日，花旗集团与美国政府及其他优先股股东就优先股转换为普通股达成协议。花旗集团同意将包括美国政府在内的优先股股东持有的 275 亿美元的优先股以每股 3.25 美元的价格转换为普通股。3.25 美元的转换价格是 2 月 20 日之前的 10 个交易日的平均收盘价，较花旗集团 2 月 26 日的收盘价溢价 32%。美国政府当天发表声明，根据政府新设立的资本购买计划，政府将把 250 亿美元的优先股转换为普通股。此外，美国政府还将其持有的剩余优先股转换为年收益率为 8% 的股权。美国政府此前共持有 450 亿美元优先股，其年收益率为 5%。如果美国政府将 250 亿美元优先股全部转换为优先股，其持有的花旗集团普通股的数量将达到 76.92 亿股，占花旗集团全部普通股的 36%，成为花旗集团

事实上的第一大股东。此前，花旗集团普通股第一大股东为美国道富银行，其持有 4.5% 的花旗集团普通股。

（2）我国银行优先股的转换条款。我国《优先股试点管理办法》明确规定上市公司不得发行可以转换为普通股的优先股，但商业银行可以根据商业银行资本监管规定，非公开发行触发事件发生时强制转换为普通股的优先股。根据我国《关于商业银行资本工具创新的指导意见》，商业银行发行的优先股强制转股触发条件为：一是当其他一级资本工具触发事件发生时，即商业银行核心一级资本充足率降至 5.125%（或以下）时；二是当二级资本工具触发事件发生时。二级资本工具触发事件是指以下两种情形的较早发生者：中国银保监会认定若不进行减记或转股，该商业银行将无法生存；相关部门认定若不进行公共部门注资或提供同等效力的支持，该商业银行将无法生存。

优先股强制转股时，转股数量的计算方式为：$Q = V/P$。其中，Q 为每一境内优先股股东持有的境内优先股转换为 A 股普通股的股数；V 为境内外优先股按同等比例吸收损失的前提下每一境内优先股股东持有的所需进行强制转股的境内优先股票面总金额；P 为境内优先股的强制转股价格，强制转股价格为优先股以审议通过其发行方案的董事会决议公告日前 20 个交易日 A 股普通股股票交易均价。

4. 是否参与普通股利润分配

优先股按照是否参与普通股利润分配可以分为参与优先股（participating preferred stock）和非参与优先股（non-participating preferred stock）。参与优先股票是指除了按规定分得本期固定股息外，还有权与普通股股东一起参与本期剩余盈利分配的优先股票。一般的优先股只按固定的股息率计算并获取股息，但有些股份公司在公司章程中规定，若公司在某些年度里有较多的盈利，则按顺序分派了优先股股息及普通股股利（不少于优先股股息）之后，优先股股东还可以再次参加超额盈余的分配。这种附加条件是对优先股投资者的一种优惠，使其有机会获得高于固定股息的收益。非参与优先股则只能按原定比例参与公司盈余分配，此后即便公司有充分盈余，也不能再参与盈余分配。

　　我国发行的优先股绝大部分都是非参与优先股，只有中原高速发行的优先股是参与优先股。中原高速优先股在产品设计中对股息的分配进行了如下设计：按照《公司章程》的规定，公司在依法弥补亏损、提取公积金后有可供分配利润的情况下，本次优先股股东按照约定的票面股息率获得固定股息分配后，并且普通股股东按照《公司章程》的规定获得当年盈利相应的分配后，优先股股东还可以参与一定比例的当年实现的剩余利润的分配。

　　5. 股东投票权限制与恢复

　　优先股股东享有了股息优先分配和剩余财产优先分配的权利。在公司日常管理的权利方面，优先股股东的投票权就受到了限制。《优先股试点管理办法》规定了优先股股东享有投票权的几种情况：一是修改公司章程中与优先股相关的内容；二是一次或累计减少公司注册资本超过10%；三是公司合并、分立、解散或变更公司形式；四是发行优先股；五是公司章程规定的其他情形。

　　优先股股东的投票权也可以恢复，这是作为优先股股东权利保护的一种重要方式。如果优先股股东没有及时获得股息支付，那么优先股股东就可以恢复普通股股东一样的投票权。《优先股试点管理办法》规定：公司累计三个会计年度或连续两个会计年度未按约定支付优先股股息的，股东大会批准当年不按约定分配利润的方案次日起，优先股股东有权出席股东大会与普通股股东共同表决，每股优先股股份享有公司章程规定的一定比例表决权。对于股息可累积到下一会计年度的优先股，表决权恢复直至公司全额支付所欠股息。对于股息不可累积的优先股，表决权恢复直至公司全额支付当年股息。

　　当优先股股东表决权恢复时，如何设定优先股股东表决权的比例，需要在产品设计中予以明确。每股优先股的票面金额是100元，优先股的转换比例可以设计为用100元除以普通股的股价。普通股股价的计算方式有几种，优先股的设计者可以直接规定优先股发行预案公布时的普通股前20天、60天或120天交易价格的均价，转换价格在优先股发行时就予以确定；也可以按照投票权恢复时普通股价格的前20天、60天或120天交易价格的均价予以确定。

（四）我国优先股发行产品的风险管理

1. 优先股发行（融资）人面临的风险

（1）利率下行的风险。优先股股息相对固定，在赎回期限到来之前，如果同评级融资工具的市场利率发生较大幅度的下降，增加了发行人的机会成本。在可赎回期限未到时，发行人无法选择以利率较低的融资工具替换优先股，将加大发行人的财务压力。

（2）控制权减弱的风险。根据《国务院关于开展优先股试点的指导意见》《优先股试点管理办法》等法规以及公司章程的规定，若优先股发行人累计三个会计年度或连续两个会计年度未按约定支付优先股股息，自股东大会批准当年取消优先股股息支付的次日或当年未按约定支付优先股股息的付息日次日起，优先股股东有权出席股东大会并与普通股股东共同表决，该表决权恢复直至公司全额支付所欠优先股当期股息之日。一旦出现上述条款所约定的情况，优先股股东有权出席股东大会与普通股股东共同表决，普通股股东表决权将被摊薄，普通股股东对公司的控制能力以及重大事项的决策能力将减弱。

（3）分红减少的风险。根据《国务院关于开展优先股试点的指导意见》《优先股试点管理办法》等法规的规定，优先股股东优先于普通股股东分配公司利润和剩余财产。如果短期内优先股募集资金投入带来的利润增长额不能覆盖优先股股息，将对普通股股东可供分配利润造成摊薄，导致普通股股东获得的分红相应减少。发行人在向优先股股东完全支付约定的股息之前，不得向普通股股东分配利润，普通股股东可能面临优先股发行当年无法进行利润分配的风险。

（4）税务增加的风险。优先股无法像债券一样有"税盾效应"，股息不能像利息一样在税前抵扣，因此有可能造成税收增加，净利润减少。

（5）回售风险。如果发行方案中设计了回售权，那么优先股股东可以在约定的期限以后将优先股回售给发行人，这在市场利率上行的情况中是非常不利的。如果优先股股东选择回售，发行人再次发行将多支出发行费用和更高的股息。

2. 风险管理措施

（1）采用浮动的股息率设计方式。在股息率的设计上，固定股息率虽然一目了然，但是对发行人和投资人都会造成利率风险。因为市场利率处于动态的变化中，有可能升高，也有可能降低。利率升高会造成发行人得益，投资人受损。利率下降我造成发行人受损，投资人收益。因此，为了保持双方权益的均衡，规避利率风险，优先股可以采用浮动股息率的设计方式，在某种市场公认的利率基础上加上固定的溢价作为优先股股息率的定价方式。如果投资人觉得不确定性太强，则可以采用固定股息率和浮动股息率相结合的方式，如设置一个浮动股息率和一个固定股息率，两者取其高者，相当于给予投资人一个保底的股息率。

（2）合理设置表决权恢复条款。对于优先股股东的表决权恢复，《指导意见》和《管理办法》都有比较明确的规定，这也是保护优先股股东合理权益的做法。如果担心表决权恢复后，优先股股东会对公司的正常经营情况造成不利的影响，可以设置较少的表决权。表决权计算公式为：$Q=V/P$。其中，V为恢复表决权的优先股股东持有的票面金额总额，P为优先股发行方案的董事会决议日前 20 天、60 天或 120 天普通股股票交易均价。设计者可以计算三种日期方案下，哪种普通股交易均价较高，则将其作为定价基准。这样优先股股东恢复表决权后的份额将会减少。但根本的解决方法还是按照协议支付优先股股东股息，终止优先股股东的表决权。

（3）提前筹划利润分配和纳税方案。在优先股发行之前，设计者应对可能造成普通股股东利润分配和公司纳税额增加的情况进行测算。如果对普通股股东利润摊薄太多，预计会遭到大部分普通股股东的反对，则削减优先股发行数量和金额，或者在可能的情况下降低股息率。税收方面，公司可以聘请会计师事务所进行税务筹划，合理避税。在资产负债率不高的情况下，公司可以将优先股计入负债而不是所有者权益，按照债券来对待。美国在避免纳税的问题上选择发行"信托优先证券"，即母公司专门设立一个信托公司，由该信托公司对外发行优先股，同时母公司对该信托公司定向发行债务证券，

该信托公司则以优先股的收入购买母公司发行的债务证券。这样就可以发挥债券的"税盾效应"。但是，我国不具备发行"信托优先证券"的法律环境。

（4）尽可能不设计回售权。回售权的设计对优先股股东有利，对发行人不利。在回售期限到来时，发行人需要准备资金随时应对优先股股东可能进行的回售，形成较大的现金流的压力。因此，除非在市场上很难找到投资人，否则发行人应尽可能不设置回售权。

（五）优先股和普通股、债券融资的比较

优先股是一种股债结合的融资方式，优先股的性质是"亦股亦债"，优先股是归为负债、所有者权益还是两者兼而有之，涉及许多专业会计技术和判断，需要严谨分析发行文件中约定的每一项条款，并综合评估形成最终的结论。和普通股、债券融资方式相比，优先股融资方式有其自身的特点（见表5-4）。

表5-4　优先股、普通股和债券融资方式的比较

项目	普通股	债券	优先股
性质	股权融资	债权融资	股权或债权融资（视条款而定）
发行成本	高	低	适中
发行时间	长	短	较短
对控制权的影响	稀释股东控制权	无影响	视转股或表决权条款而定
对资产负债结构的影响	降低资产负债率	提高资产负债率	视条款而定

1. 优先股比债券更能改善企业财务状况

虽然发行债券和发行股票都是企业直接融资的一种手段，但是由于债务融资不能像股权融资那样纳入企业资本金，因此如果并购方采用债务性融资工具，如发行债券、从银行借款就可能会导致并购方企业资产负债率居高不下，企业财务状况恶化。优先股一般属于权益资本，因此融资后不增加财务风险，反而使融资能力增强，可以获得更高的负债额。如果优先股用于并购

重组支付工具，发行优先股一方面使得并购方企业获得了类似于债务融资的资金，另一方面却又使得并购方企业的资产负债比例降低，大大改善融资企业的财务状况。

2. 优先股融资一般不会摊薄普通股股东权益

从对控制权的影响来看，普通股发行后会稀释原有股东的股份比例，会导致原股东控制权减弱，债券融资不会稀释股东的控制权。优先股股东在享有固定收益的同时，放弃了对公司经营管理的投票权。但也要根据具体的条款而定。如果是可转换优先股，当优先股转换为普通股的时候，会稀释原股东控制权。当优先股由于股息未发放原因恢复表决权时，也会影响原股东的控制权。在一般情况下，发行人只要按时发放股息，企业的经营管理权还是牢牢掌握在发行人手中，不用担心企业的经营管理权外流。

3. 优先股融资周期较短，成本较低

从发行时间来看，由于我国新股发行上市实行的是核准制，上市的时间受到核准流程、市场环境和发行排队等多种因素的制约，普通股IPO的周期需要4~5年，融资周期非常长。优先股的发行时间受到流程的影响，要经过董事会预案、股东大会批准、中国证监会核准等流程，发行流程在半年到一年左右，但相对普通股IPO要短很多。普通股IPO的融资成本也很高昂，发行成本相当于融资额的5%~20%。我国优先股的发行成本基本在1%以下，大多数都只有0.5%左右。这和普通股的发行成本而言相当低，和美国2%~3%的优先股发行成本相比也是很低的。当然和债券相比，优先股的发行时间相对长一些。我国债券发行在银行间市场实行的是注册制，发行速度较快；在交易所市场实行的是备案制，发行速度也较快，一般3~6个月内债券可以完成发行。债券的发行成本和优先股相比基本一致。综合看来，优先股的融资周期和融资成本的优势还是比较大的。

4. 优先股和永续债融资比较

股债结合的融资方式除了优先股之外，还有永续债。因此，本书对优先股和永续债这两种工具进行对比，以分析两者的异同。

（1）发行主体资格与发行条件。永续债和优先股同为"股债结合"融资

工具，两者具有很多类似的地方，也有较多的不同。因此，融资方可以根据
两者各自的特点，选择其作为相应的融资工具（见表5-5）。

表5-5　永续债与优先股发行主体资格和核准方式的比较

项目	发行主体资格	行业	核准方式	上市地点
永续债	中期票据：具有法人资格的非金融企业。 非公开定向债务融资工具：具有法人资格的非金融企业。 企业债：符合相关条件的企业（规模、三年盈利、国家产业政策等）。 次级债：符合相关条件的金融企业	采矿、电力、制造业、建筑、房地产、城市建设、证券、批发零售	注册制、核准制	银行间市场、交易所（可同时上市）
优先股	上市公司和"新三板"非上市公众公司	银行、医药、交通、建筑	核准制、备案制	交易所、"新三板"

永续债的发行主要在银行间市场，具体形式包含了中期票据、企业债、
次级债以及非公开定向债务融资工具等。其发行主体资格根据发行工具的不
一样各有差别。中期票据、企业债、非公开定向债务融资工具要求是非金融
企业，而次级债一般要求是金融企业。永续债发行的行业主要集中在城市建
设行业以及采矿、电力等周期性行业。这些行业所需资金量较大，且期限较
长，适合发行可以延期的债券。从核准方式来看，如果采用中期票据和非公
开定向债务融资工具来发行永续债，执行的是注册制。企业债和次级债的发
行都是核准制。企业债的发行需要国家发改委核准，次级债的发行需要中国
银保监会或中国证监会核准。从上市地点来看，永续债大部分都在银行间市
场上市，少部分在交易所上市。

从优先股的发行来看，发行优先股必须是上市公司或"新三板"的非上
市公众公司。当前优先股的发行数量有限，主要集中在银行、医药、交通和
建筑行业。上市公司发行优先股实行的是核准制，"新三板"非上市公众公司
发行优先股实行的是备案制。优先股只能在交易所或"新三板"市场转让
交易。

从发行条件来看，永续中期票据和永续企业债会受到净资产的制约，累

计债券余额不得超过企业净资产的40%。优先股则不能超过普通股股份总数的50%。如果是非公开发行，优先股的股息率不得超过两个会计年度的年均净资产收益率。这主要是为了防止因利益输送而设置较高的优先股股息率会伤害普通股股东的权益。

永续债和优先股发行规模和会计处理方式的比较如表5-6所示。

表5-6　永续债和优先股发行规模和会计处理方式的比较

项目	发行规模	会计处理方式	计税
永续债	中期票据：累计债券余额不得超过企业净资产的40%。企业债：累计债券余额不得超过企业净资产的40%；最近三个会计年度净利润平均值足以支付债券一年的利息	计入所有者权益：拥有赎回及递延付息权。计入应付债券：拥有赎回权，但不拥有递延付息权	发行人：税前列支，抵扣公司所得税。投资者：20%所得税
优先股	不得超过普通股股份总数的50%，金额不得超过发行前净资产50%	一般计入所有者权益	发行人：税后列支，不能抵扣公司所得税。投资者（个人）：5%~20%的个人所得税。非居民企业：10%~25%的所得税。居民企业：免征所得税（直接投资）

（2）会计处理方式。从混合资本工具的会计处理方式来看，实务中普遍遵循实质大于形式的原则。名为债，如果股性更强，可以计入所有者权益；名为股，如果债性更强，可以计入负债。从现有的发行情况来看，永续债可以计入所有者权益，也可以计入负债。关键是看永续债的债性强一些还是股性强一些。优先股一般计入所有者权益，还未有优先股计入负债的情况。

案例：武汉地铁和国电电力永续债会计处理方式

2013年，武汉地铁集团（以下简称"武汉地铁"）发行了国内第一只永续债，拉开了国内永续债的序幕。由于《中华人民共和国公司法》中关于债券的定义是"公司依照法定程序发行、约定在一定期限还本付息的有价证券"，即明确债券必须是有期限的，而永续债的无到期日特性与法律规定不符，因此武汉地铁债券在发行时被称为"可续期公司债券"，也算是对法律风险的一种规避。2013 年，国电电力发展股份有限公司（以下简称"国电电力"）发行了"13 国电 MTN001"中期票据，由于到期日明确为发行人依据发行条款的约定赎回时到期，且对递延次数无限制，因此也属于永续债范畴。这两只永续债的发行以及会计处理为后续永续债的会计处理提供了参考范例。

武汉地铁和国电电力永续债发行方案比较如表 5-7 所示。

表 5-7　武汉地铁和国电电力永续债发行方案比较

发行人	武汉地铁	国电电力
债券名称	可续期公司债券	长期限含权中期票据
发行额/亿元	23	10
发行时间	2013 年 10 月 29 日	2013 年 12 月 18 日
监管机构	国家发改委	银行间市场交易商协会
上市地点	银行间市场、交易所	银行间市场
利率/%	8.5	6.6
保荐机构	海通证券	农业银行、中金公司
会计处理	计入负债	计入所有者权益

永续债与普通债的区别体现在赎回权及利息递延支付等期权的设置。比较以上两只永续债的主要发行条款可以发现，两者都订立了发行人赎回权，两者的主要不同在于"13 国电 MTN001"的发行人国电电力拥有利息的递延支付权，发行公告中约定"除非发生强制付息事件，本期中期票据的每个付息日，发行人可自行选择将当期利息以及按照本条款已经递延的所有利息及其孳息推迟至下一个付息日支付，且不受到任何递延支付利息次数的限制；前述利息递延不构成发行人未能按照约定足额支付利息。每笔递延利息在递延期间应按当期票面利率累计计息"。武汉地铁则不拥有以上权利，其在发行公告中约定"本期债券在存续期内每年付息一次，存续期内每年的 10 月 29 日为上一计息年度的付息日。每年付息时按债权登记日日终在证券登记托管

机构名册上登记的各债权持有人所持债券面值所应获利息进行支付"。正是基于以上的不同约定条款，国电电力在同时拥有赎回及递延付息权的情况下，将永续债计入资本公积，列为所有者权益项目。武汉地铁虽然拥有发行人赎回权利，确没有递延付息权利，在 2013 年的资产负债表日将上述永续债列入了"应付债券"科目进行列报。

（3）所得税负担。混合资本工具会计处理上的不同对于融资方以及投资者所承担的税负成本是不一样的。对于融资方而言，如果资金计入所有者权益，利息或股息将不能再税前列支，融资方将支付更多的公司所得税。如果资金计入负债，那么利息的支出将在税前列支，可以少缴企业所得税。对于投资者而言，利息都是要支付所得税的，公司缴纳企业所得税，个人缴纳个人所得税。如果是股息，那么非居民企业持有期在一年以上是可以免交企业所得税的，个人投资者根据持有期的不同缴纳 5%～20% 的个人所得税。总体而言，永续债的税负相对于优先股来说要小。

假设 A 企业希望用永续债或优先股融资 10 亿元。永续债计入负债，优先股计入所有者权益。5 年赎回，利率或股息率都为 8%，那么融资成本如表 5-8 所示。

表 5-8　永续债和优先股发行人融资成本

项目	永续债	优先股
利息（股息）	40 000 万元（8 000 万元×5）	40 000 万元（8 000 万元×5）
企业所得税	0	10 000 万元（8 000×25%×5）
合计	40 000 万元	50 000 万元

可以看出，5 年永续债（债权融资）的利息为 4 亿元，优先股的股息也为 4 亿元。但是，利息的支出可以在税前列支，股息的支出不能在税前列支。根据一般公司债 25% 的企业所得税率计算，用优先股融资的成本比用永续债融资的成本要多出 1 亿元。

优先股产品设计
及交易制度研究

二、分行业的优先股发行产品设计

（一）商业银行优先股产品设计

1. 产品设计的背景和要点

优先股在金融企业融资中意义重大，根据《巴塞尔协议》的要求，银行资本充足率必须至少达到 8%。银行资本金由核心资本和附属资本构成，目前我国金融机构普遍存在资本充足率偏低的问题，优先股恰能起到补充资本的作用。按照《巴塞尔协议》中资本充足率的计算规定，优先股按照不同的契约属性可以进入不同的资本层次：股性较强的属于核心资本，债性较强的属于从属资本。在补充资本方面，我国曾经尝试发行次级债券，与次级债券相比，优先股是更好的选择，因为它具有更强的资本属性，可以列为核心资本，比次级债券的资本层次更高，次级债只能用来补充银行附属资本。优先股没有还本压力，并且可以延迟支付股利，从而适当减轻融资方的偿付压力。

《巴塞尔协议Ⅲ》为了提高资本吸收损失的能力，提出了新的更审慎的定义，规定一级资本只包括普通股和永久非累积优先股，并要求各家银行最迟在 2017 年年底完全达到针对一级资本的严格定义。根据规定，普通股最低要求（资本结构中吸收损失的最高要素）将从当前的 2% 提升至 4.5%（从 2013年 1 月 1 日开始至 2015 年 1 月 1 日之前实现）。一级资本金比率将在同一时间范围内从 4% 提升至 6%（见表 5-9）。

表 5-9　商业银行资本充足率的监管要求（2013—2018 年）　　　单位:%

监管指标		2013 年	2014 年	2015 年	2016 年	2017 年	2018 年
系统性重要银行	核心一级资本充足率	6.5	6.9	7.3	7.7	8.1	8.5
	一级资本充足率	7.5	7.9	8.3	8.7	9.1	9.5
	资本充足率	9.5	9.9	10.3	10.7	11.1	11.5
非系统性重要银行	核心一级资本充足率	5.5	5.9	6.3	6.7	7.1	7.5
	一级资本充足率	6.5	6.9	7.3	7.7	8.1	8.5
	一级资本充足率	8.5	8.9	9.3	9.7	10.1	10.5

《商业银行资本管理办法》规定，次级债只能用来补充银行附属资本。永久性优先股作为创新型一级资本工具，可以计入一级资本，但不能计入核心一级资本。2012 年，中国银监会发布了《中国银监会关于商业银行资本工具创新的指导意见》，一级新型资本工具包含转股条款或减记条款的，当其他一级资本工具触发事件发生时，其他一级资本工具的本金应立即按照合同约定进行减记或按照约定转为普通股，使商业银行的核心一级资本充足率恢复到触发点以上。按照《中国银监会关于实施〈商业银行资本管理办法（试行）〉过渡期安排相关事项的通知》，2013 年 1 月 1 日，商业银行应达到最低资本要求（一级资本充足率达 6%，核心一级资本充足率达 5%，总资本充足率达 8%），在 2018 年年底前达到规定的资本充足率监管要求。系统重要性银行的一级资本充足率从 7.5% 提高到 9.5%，在满足核心一级资本充足率之外的部分融资可以发行永久性优先股满足。

在优先股发行以前，我国商业银行的资本充足率缺口依然比较大。特别是农业银行，距离一级资本金充足率 9.5% 的监管要求，不管是核心一级资本，还是其他一级资本都有较大的缺口。一级资本金缺口合计在 1 200 亿元左右。

因此，商业银行类优先股一定要满足《巴塞尔协议》关于补充一级资本金的要求：一是永续性的要求，不能设置到期日。二是不可累积的要求，即当期股息如未发放，不能累积到下一期。三是可转换的要求，如果商业银行

核心一级资本降到《巴塞尔协议》的监管线以下，优先股要能转换为普通股以补充核心一级资本。四是可赎回的要求。由于银行优先股面临较大的利率风险，一般要设置赎回期限。

2. 案例分析：农行优1

（1）农行优1发行背景：农业银行一级资本金缺口较大。根据四大国有商业银行披露的2013年监管资本情况，农业银行在四大国有商业银行中，资本充足率是最低的，急需进行资本金的补充。《巴塞尔协议Ⅲ》对系统重要性银行的核心一级资本充足率的要求是8.5%，四大国有商业银行都已经达标；一级资本充足率的要求是9.5%，除农业银行外，其他三大国有商业银行的一级资本充足率都已经达标。农业银行离监管指标还差0.26%（见表5-10）。

表5-10　2013年四大国有商业银行资本金和资本充足率

项目	农业银行	工商银行	中国银行	建设银行
核心一级资本净额/百万元	831 648	1 190 490	912 948	1 061 684
一级资本净额/百万元	831 648	1 190 490	913 646	1 061 700
总资本净额/百万元	1 067 420	1 478 863	1 173 347	4 1 316 724
核心一级资本充足率/%	9.24	10.58	9.69	10.44
一级资本充足率/%	9.24	10.58	9.69	10.44
资本充足率/%	11.85	13.14	12.46	13.06

资料来源：四大国有商业银行2013年资本充足率报告。

因此，农业银行必须通过发行普通股或优先股来补充一级资本。鉴于增发普通股的复杂性以及核心一级资本已经达标的情况。农业银行必然选择发行优先股来补充一级资本，从而满足一级资本充足率9.5%的监管要求。为了让一级资本充足率还略有弹性空间，农业银行选择800亿元的发行规模是恰当的。在农业银行优先股发行完成后，假定风险加权资产不变的情况下，农业银行的一级资本充足率和资本充足率分别可以提高到10.1%和12.7%左右。

（2）农行优1产品设计方案。2014年10月31日，农业银行优先股——农行优1成功簿记发行。作为我国境内资本市场首只优先股，该次发行的方案条款设计一直受到市场的高度关注。农业银行的优先股发行方案全面体现了国务院关于开展优先股试点的要求和监管部门的政策，充分平衡了优先股投资者、普通股股东和发行人三方的利益，具有显著的示范效应，为我国优先股市场的发展奠定了良好的基础。

①发行的数量和金额。农业银行此次优先股的发行规模为 800 亿元，其中首期 400 亿元，主要是补充其他一级资本的需要。《商业银行资本管理办法（试行）》对核心一级资本充足率和一级资本充足率的要求有 1% 的监管指导比例差额，这部分差额可以由其他一级资本来补充。按照农业银行 2014 年第三季度末的风险加权资产规模来测算，农业银行其他一级资本的缺口接近 1 000 亿元。因此，800 亿元优先股的发行规模和农业银行其他一级资本金的缺口基本匹配。根据《优先股试点管理办法》的规定，发行规模还要受到"两个 50%"的制约，即总股本的 50% 和净资产的 50%。农业银行 2014 年第三季度报告显示，普通股总股本为 3 247.9 亿股，净资产为 9 587 亿元，发行规模符合监管要求。

②发行方式、票面金额和发行价格。根据《优先股试点管理办法》的规定，商业银行发行包含强制转换为普通股条款的优先股，只能采取非公开方式发行。优先股票面金额均为 100 元。因此，农行优 1 以票面价格平价非公开发行。根据《优先股试点管理办法》的储架发行规则，首次发行数量不能少于总发行数量的 50%。因此，农行优 1 的发行规模不能低于总发行规模 800 亿元的 50%，即 400 亿元。农业银行选择按最低发行比例首发，一是由于这是国内试点阶段首单优先股，发行金额较大，为减少对市场的压力，保障顺利发行，在发行额度上保持谨慎是必要的。二是可以规避利率风险。2014 年，国内利率市场还处于较高的位置，如果以总额度全部发行，基准利率在 5 年内无法调整，将面临市场利率下行的风险。因此，首期优先股按 50% 最低比例发行也是规避利率风险的需要。一年之后，农行优 2 发行时，由于市场利率下行，股息率下调为 5.5%，农业银行通过储架两次发行成功降低了优先股的成本。按照 400 亿元、0.5% 的股息率测算，农业银行每年节省了 2 亿元的股息支出，5 年节省了 10 亿元的股息支出。

③发行对象。农业银行此次优先股面向中国证监会规定的合格投资者发行。发行对象包括商业银行、证券公司、基金管理公司、信托公司和保险公司及其向投资者发行的理财产品；实收资本或实收股本总额不低于 500 万元的企业法人；实缴出资总额不低于 500 万元的合伙企业；合格境外机构投资者（QFII）、人民币合格境外机构投资者（RQFII）、符合国务院相关部门规定的境外战略投资者；除发行人董事、高级管理人员及其配偶以外的，名下各类证券账户、资金账户、资产管理账户的资产总额不低于 500 万元的个人投资者以及其他合格投资者。交银施罗德资产管理公司、人保资产、招商基金、北京天地方中资产管理公司、平安资产等 26 家机构认购了此次非公开发行的农行优 1 优先股股份。

④股息率设定。第一，浮动股息率的设计。由于农业银行是非公开发行，因此股息率的设计条款比较宽松，既可以采用固定股息率，也可以采用浮动股息率。但股息率必须是不可累积并不能强制派息的。农业银行采用的是浮动股息率，股息率每 5 年调整一次，每个调整期内票面股息率相同。浮动股息率的设计是为了防范利率风险，若未来市场利率水平上升，投资者可以获取更高的收益。若未来市场利率水平下降，发行人也能减少股息支出。考虑到优先股永续的产品属性，浮动股息率更真实地反映市场波动情况，为发行人和投资者预留灵活调整的空间，更好地体现产品的内在价值。但是，由于调整周期太长，农业银行浮动股息率的设计和固定股息率差别不大。因为赎回条款的存在，我国商业银行优先股的赎回期限是 5 年，即使是固定股息，发行人在 5 年后可以选择赎回规避利率风险。因此，未来银行优先股的股息周期设计还可以有较大的弹性空间。

第二，基准利率的选择。股息率由两部分组成：一部分是基准利率，另一部分是固定溢价。为了准确衡量优先股产品的风险与收益，选择基准利率是合理定价的基础。

根据国际市场优先股的发行经验，基准利率一般有以下五种选择：

一是定期存款利率。该利率是常用的市场利率，在各种定价活动中发挥重要的指导作用。但是，以这一利率作为定价基础仅适合银行类投资者，有利于银行自身资产和负债收益率的匹配。同时，定期存款利率很少调整，与市场利率水平差异较大。从存续时间的角度分析，随着利率市场化的稳步推进，中央银行极有可能取消定期存款的基准利率，这与优先股长期存在的属性不匹配。

二是银行间同业拆放利率（Shibor）。银行间同业市场交易活跃，便于形成市场公允利率，因此 Shibor 是市场利率的重要代表。但是，这一利率一般以短期品种为主，不宜匹配优先股这种永续产品。此外，Shibor 主要适用于银行间同业市场的参与者，对优先股而言使用范围较窄。

三是央票利率。央票交易活跃，但期限一般较短，多为一年以内。央票利率受中国人民银行货币政策及市场操作影响较大，通常不一定反映市场利率情况，因此并不适合作为农业银行本次优先股的基准利率。

四是国债收益率。国债收益率是无风险利率的典型代表，属于调整快速且能及时反映市场利率的品种。国债收益率的各期限品种较为齐全，被市场普遍接纳，并且预计存续期较长，较适合成为固定收益类产品定价时参考的基准利率。

五是金融债收益率。金融债收益率能够反映市场对于金融机构债券要求的预期收益率。但是，我国的金融债品种较少，多为国家开发行等政策性银行债，交易活跃度也很低，与农业银行的融资需求及经营风险有显著差别，因此也不适宜作为农业银行本次优先股的基准利率。

综合考虑各期限产品的稳定性、流动性以及优先股赎回期等因素，农行优 1 首个股息率调整期的基准利率为簿记日前 20 个交易日中国债券信息网公布的中债银行间固定利率国债到期收益率曲线中，待偿期为 5 年的国债到期收益率算术平均值。

农行优 1 选择 5 年期而非其他期限国债到期收益率的主要原因在于：一是各类型债券中 5 年期债券的市场供给均较为充裕。在目前所发行的国债中，5 年期国债的发行数量最多，能保证基准利率的稳定性。二是与农行优 1 市场赎回预期相匹配。根据发行条款的约定，农行优 1 发行 5 年后发行人可以赎回。根据国际经验，投资者可能认为 5 年后，该产品将有可能不再存续。因

此，投资者会对这一产品采取以 5 年为周期的分段定价方法。这样将便于投资者在决策时与可比产品做收益比较。三是 5 年期国债流动性较好，交易相对活跃，其收益率能够及时反映市场的变化。

第三，固定溢价的确定。固定溢价主要由市场询价确定。投资者一般会考虑风险溢价和流动性溢价。影响溢价的因素主要包括：一是条款设计情况，二是股票市场走势，三是债券市场走势和市场利率情况，四是投资者的风险评价和期望收益率等。根据国际上的发行案例和投资者摸底调查，溢价一般在 200~300 个基点。农行优 1 股息的固定溢价以发行时确定的股息率扣除基准利率后确定，固定溢价一经确定不再调整。首个股息率调整期的基准利率为 3.71%，固定溢价为 2.29%。计息起始日为优先股投资者缴款截止日，即 2014 年 11 月 5 日。付息日为每年的 11 月 5 日。

⑤有条件赎回条款。根据中国银保监会的规定，商业银行不得发行附有回售条款的优先股。商业银行行使赎回权，应遵守《商业银行资本管理办法（试行）》的相关规定。因此，农业银行优先股的投资者没有回售权，而发行人在满足条件时可以选择赎回。

由于《商业银行资本管理办法（试行）》对其他一级资本工具的赎回条件和赎回期限做了明确规定，自发行之日起至少 5 年后发行人有权赎回，因此农业银行优先股也设置了前 5 年不可赎回的条款，且行使赎回权应得到中国银保监会的事先批准。

《优先股试点管理办法》规定，发行人要求赎回优先股的，必须完全支付所欠股息，但商业银行发行优先股补充资本的除外。农行优 1 优先股赎回价格为票面金额加上当期已决议支付但尚未支付的股息。

⑥强制转股条款。中国银保监会规定，当发生触发事件时，作为银行资本的优先股将按照一定的比例转为普通股，其中触发条件为《巴塞尔协议Ⅲ》和《商业银行资本管理办法》中对资本触发事件的规定。农行优 1 发行方案将转换价格设定为审议通过本次优先股发行方案的董事会决议日前 20 个交易日农业银行 A 股普通股股票交易均价（2.43 元/股）。

按照中国证监会对优先股发行预案的信息披露要求，当公司配股、增发、送股、派息、分立及其他原因引起公司股份变动时，需要披露调整转换价格的计算公式。具体来说：

送红股或转增股本公式为

$$P_1 = P_0 / (1+n)$$

增发新股或配股公式为

$$P_1 = P_0 \times [N + Q \times (A/M)] / (N+Q)$$

其中，P_0 为调整前的转股价格，n 为该次普通股送股率或转增股本率，Q 为该次增发新股或配股的数量，N 为该次增发新股或配股前农行普通股总数，A 为该次增发新股价或配股价，M 为该次增发新股或配股已经生效且不可撤销的发行结果公告刊登前一交易日的收盘价，P_1 为调整后的转股价格。

由于转股价格本身在发行前已是固定数值，因此转股价格的调整公式将影响优先股转股是否还能被认定为能够转换为固定数量的普通股股份，从而影响其会计处理方式。此次方案中转股价格调整公式可以使优先股满足转换为固定数量股份的条件，从而使优先股可以计入所有者权益。

⑦表决权限制及恢复条款。一般情况下，为了换取优先的收益分配和剩余财产分配权利，优先股股东对公司经营决策不享有表决权。但当公司一定时期内不能完全支付优先股股息时，法律可以赋予优先股股东与普通股股东相同的表决权，以保护优先股股东的利益。

为满足监管规定的要求，农行优 1 设置了表决权限制及恢复条款。表决权限制及恢复条款主要包含表决权限制、表决权限制的特殊情况、表决权恢复的情形、表决权恢复的起止时间、表决权折算比例等。其中，恢复表决权的优先股股东享有的表决权计算公式为 "$Q = V/P$"，并以去尾法取一股的整数倍。V 为恢复表决权的优先股股东持有的票面金额总额，P 为审议通过本次优先股发行方案的董事会决议日前 20 个交易日农行 A 股普通股股票交易均价（2.43 元/股）。

（3）农行优 1 发行的影响。

①对资本监管指标的影响。400 亿元的农行优 1 发行后，对农业银行资本监管指标产生了一定的影响。一是核心一级资本净额小幅下降。优先股股息

大于募集资金投资产生的税后收益，因此使得归属于母公司普通股股东权益减少。优先股发行后核心一级资本净额减少金额等于归属于母公司普通股股东权益减少金额，即 8.77 亿元。二是一级资本净额及资本净额增加。优先股属于合格的其他一级资本工具，优先股发行后一级资本净额及资本净额相应增加。一级资本净额及资本净额增加金额等于净资产变动金额，即 390.67 亿元。三是核心一级资本充足率较发行前下降 1 个基点，由 8.9% 略微下降到 8.89%。一级资本充足率由 8.9% 上升到了 9.27%。资本充足率由 12.38% 上升到 12.75%。一级资本充足率和资本充足率较发行前均增加 37 个基点（见表 5-11）。

表 5-11　农行优 1 对资本监管指标的影响

项目	发行前	发行后	变动
核心一级资本净额/亿元	9 517.27	9 508.5	-8.77
一级资本净额/亿元	9 517.29	9 907.96	390.67
资本净额/亿元	13 239.48	13 630.15	390.67
风险加权资产/亿元	106 934.91	106 934.91	0
核心一级资本充足率/%	8.9	8.89	-0.01
一级资本充足率/%	8.9	9.27	0.37
资本充足率/%	12.38	12.75	0.37

②对财务数据和财务指标的影响。优先股的会计处理依据中华人民共和国财政部发布的《企业会计准则第 22 号——金融工具确认和计量》《企业会计准则第 37 号——金融工具列报》和《金融负债与权益工具的区分及相关会计处理规定》进行。

优先股发行将对财务报表的列示产生影响。由于农业银行优先股作为权益工具核算，因此应在资产负债表的"股本"项目和"资本公积"项目之间增设"其他权益工具"项目，以"优先股"明细项目反映发行在外的优先股的账面价值。应在股东权益变动表"股本"栏和"资本公积"栏之间增设"其他权益工具"栏，并反映优先股增减变动金额和利润分配情况。

优先股发行将增加财务报表附注的披露，发行人需披露期末发行在外的优先股的详细情况、主要条款说明，期间优先股的增减变动情况，优先股股息的设定机制，归属于不同权益工具持有者（如母公司普通股股东、母公司优先股股东、普通股少数股东、优先股少数股东）的权益，包括净利润、其他综合收益、当期已分配股利、累计未分配股利。

农业银行此次优先股共发行 4 亿股，募集资金总额为 400 亿元，扣除发行费用后的募集资金净额为 399.44 亿元。以农业银行截至 2015 年 12 月 31 日的财务数据为基础，假设优先股募集资金的投资收益率与非重组类债券相同（为 4.11%），且不考虑发行优先股对农业银行可用信贷规模的杠杆放大作用，假设 2015 年在没有发行农业银行优 1 的情况下，测算优先股发行对农业银行主要财务数据、财务指标以及监管指标的影响。

农行优 1 的发行能增加利息收入和净利润，增加归属于股东的净利润。2015 年，以 4.11% 的收益率测算，399.44 亿元优先股募集资金使用带来的利息收入为 16.42 亿元。如果未发行优先股，营业收入、利润总额相应扣除 16.42 亿元。扣除所得税影响后，净利润和归属于母公司股东的净利润扣除 12.32 亿元。

按照 6% 的股息率计算，应付优先股股息为 23.97 亿元。因此，如果未发行优先股，总资产应该扣除其他权益工具的 399.44 亿元、再减去优先股获得的净利润 12.32 亿元，合计 177 502.17 亿元。归属母公司股东权益（净资产）应扣除其他权益工具的 399.44 亿元，净利润的 12.32 亿元，加上优先股股息 23.97 亿元，未发行优先股情况下 2015 年归属母公司股东权益（净资产）应为 11 713.12 亿元。

农行优 1 的发行将增加净资产和总资产，增加归属于母公司股东的权益（以下简称"归母股东权益"）。农行优 1 募集资金净额全部计入其他权益工具，发行当日增加农业银行净资产 399.44 亿元，相应增加农业银行资产 399.44 亿元。1 年之后利润结转以及计提优先股股息后，截至 2015 年 12 月末，农业银行总资产增加 411.76 亿元，归属于母公司股东的权益（净资产）增加 387.79 亿元（见表 5-12）。

表 5-12　农行优 1 发行对主要财务数据的影响　　　　　单位：亿元

项目	2015 年报	2015 年报（如未发优先股）	变动
总资产	177 913.93	177 502.17	411.76
总负债	165 795.08	165 795.08	0
应付股利	23.97	0	23.97
其他权益工具	399.44	0	399.44
归母股东权益	12 100.91	11 713.12	387.79
营业收入	5 361.68	5 345.26	16.42
利息净收入	4 361.4	4 344.98	16.42
利润总额	2 308.57	2 292.15	16.42
净利润	1 807.74	1 795.42	12.32
归母净利润	1 805.82	1 793.5	12.32

通过主要财务指标的测算可以发现，农行优 1 的发行能够降低资产负债率 0.216%，即资产负债率从 93.405% 下降到 93.188%；能够略微提升平均资产回报率 0.005%，即平均资产回报率从 1.011% 提升到 1.016%；能够降低净资产收益率 0.389%，即净资产收益率从 15.312% 下降到 14.923%；能够提升每股收益 0.003 8 元，即每股收益从 0.550 8 元提升至 0.554 6 元（见表 5-13）。

表 5-13　优先股发行对主要财务指标的影响

项目	2015 年	2015 年（未发行）	变动
资产负债率/%	93.188	93.405	-0.216
平均资产回报率/%	1.016	1.011	0.005
净资产收益率/%	14.923	15.312	-0.389
每股收益/元	0.554 6	0.550 8	0.003 8

3. 其他主要商业银行优先股发行方案比较

在农业银行发行优先股以后，四大国有商业银行中的中国银行和工商银行也发行了优先股。从这三家国有商业银行优先股的设计方案来看，中国银行和工商银行优先股的设计方案与农业银行比较类似，因此中国银行和工商银行都采取了非公开发行的方式。在股息率设计上，中国银行采取了固定股息率。在赎回条款上，三家国有商业银行的优先股都是 5 年内不可以赎回。在强制转换为普通股的条款上，转换触发条件都是一样的，转换普通股设定的价格各有不同。在表决权恢复的条款上，三家国有商业银行的优先股也基本一致（见表 5-14）。因此，农业银行优先股可以说为商业银行类优先股的设计树立了一个标杆。

表 5-14　我国三大国有商业银行优先股产品设计方案

项目	农业银行	中国银行	工商银行
发行规模	不超过 8 亿股	不超过 6 亿股	不超过 4.5 亿股
发行方式	非公开、分次发行	非公开、分次发行	非公开、一次或分次发行
股息	浮动股息率	固定股息率	浮动股息率
赎回条款	前 5 年不可赎回	前 5 年不可赎回	前 5 年不可赎回
强制转股触发条件	①核心一级资本充足率<5.125%（或以下），全额或部分转股。②二级资本工具触发事件发生时，优先股将全额转为 A 股普通股	①当核心一级资本充足率降至 5.125%（或以下）时，全部或部分转为 A 股普通股。②当二级资本工具触发事件发生时，本次优先股将全部转为 A 股普通股	①当核心一级资本充足率降至 5.125%（或以下）时，全部或部分转为 A 股普通股。②当二级资本工具触发事件发生时，全部转为 A 股普通股。③以上转股均不再恢复为优先股
强制转股价格	①董事会决议公告日前 20 个交易日 A 股普通股股票交易均价（2.43 元/股）。②除权不除息	①董事会决议公告日前 20 个交易日 A 股（H 股）普通股股票交易均价。②除权不除息	①董事会决议公告日前 20 个交易日 A 股普通股股票交易均价(3.44 元/股)。②除权不除息调整
表决权恢复转股价格	①董事会决议日前 20 个交易日 A 股普通股股票交易均价（2.43 元/股）。②未来不调整	①董事会决议公告日前 20 个交易日 A 股（H 股）普通股股票交易均价。②未来不调整	①董事会决议公告日前 20 个交易日 A 股普通股股票交易均价，即 3.44 元/股。②未来不调整

（二）制造业优先股产品设计

1. 产品设计的背景和要点

在经济下行、产业结构调整的背景下，制造业企业普遍面临的问题是杠杆率较高，企业"去杠杆"的压力较大。银行贷款和债券造成了企业较大的财务压力，如果银行贷款和债券的利息较高，企业就需要用更合适的融资工具进行替换。因此，制造业企业发行优先股一方面是为了偿还银行贷款和赎回债券，以降低财务成本。另一方面，如果有长期投资项目，制造业企业也需要募集长期资金。

制造业企业优先股发行产品设计的时候，有以下几个要点：

一是股息率较商业银行要高。制造业企业的主体评级一般不会高过同等规模的商业银行，其面临的风险也比较高。因此，从风险和收益相匹配的角度看，制造业企业优先股在股息率设计上要高一些，以更好地吸引投资者。同时，股息率的设置受到净资产收益率的影响。《优先股试点管理办法》规定，股息率的上限不能高过两年平均的净资产收益率，这是防止大股东侵害中小股东权益所做的限制。如果企业两年平均的净资产收益率较低，造成股息率的上限较低，以致无法吸引投资者，那么为了避免优先股发行失败的风险，企业只能采用其他的融资工具。

二是股息一般不累积，不参与剩余利润分配。股息不累积能够给企业带来更多的财务空间，有利于企业在商业周期恢复时进行再投资，而不会都用于股息分配。当然，出于对优先股股东权利的保护，企业如果未支付股息，将赋予优先股股东经营管理的投票权。这需要企业董事会进行全面的平衡。优先股股东获取股息，则一般不再参与剩余利润分配。企业要平衡普通股股东和优先股股东之间的利益。

三是设置赎回权。较高的股息率设置需要配置较灵活的赎回权。当企业经营状况良好、现金流充沛，而市场利率又比较低的情况下，企业可以行驶赎回权，用成本更低的优先股或其他融资工具进行替换。

（三）建筑业优先股产品设计

1. 产品设计的背景和要点

当前，我国非常重视基础设施建设。因此，大型的基础设施建设类企业，特别是国有企业有大量长周期资金融资的需求。但是，基础设施建设类企业的资产负债率普遍比较高，通过债权融资的空间有限。基础设施建设类企业的债券到期后需要再发行债券进行置换。股权融资的周期太长，受股票二级市场的影响较大，发行难度也较大。因此，部分大型国有基础设施建设类企业采用优先股进行融资。

基础设施建设类企业优先股发行规模较大，主要资金用途是项目投资。为了避免财务压力，其股息一般不累积。为控制利率下行的风险，此类优先股会设置赎回期限和赎回权，但不会设置回售条款。同时，为了满足投资者的利润需求，此类优先股的股息率一般会高于同期同级别的债券利息率。为了保护投资者回避利率上行的风险，此类优先股会采取浮动股息率等方式。如果市场利率上行，赎回期限到期后，股息率会有浮动的条款。

2. 案例分析：中建优 1

（1）中国建筑集团优先股融资的背景。中国建筑集团是国资委全资控股的中国建筑工程总公司的控股子公司，控股比例为 56.15%。中国建筑集团是中国最大的建筑房地产综合企业集团，在上交所上市，是上证 50 成份股之一。

中国建筑集团发行优先股的主要原因在于其资产负债率一直比较高，在优先股发行之前的 2013 年资产负债率为 79%，因此利用债券融资的空间有限。中国建筑集团在优先股发行之前采用过发行债券融资，发行的债券都是短期融资券和中期票据。短期融资券的久期是 1 年，中期票据的久期是 3~5 年。因此，中国建筑集团需要更丰富的融资工具，募集长期资金，满足基础设施建设长周期的需要。

（2）产品设计要点。

①发行规模和发行方式。中国建筑集团发行的优先股总数不超过 1.45 亿

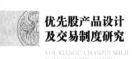
股，募集资金总额不超过 145 亿元。该优先股分两期发行，首期发行 0.9 亿股，募集资金总额为 90 亿元。中国建筑集团采取向合格投资者非公开发行的方式，发行对象为不超过 200 名符合《优先股试点管理办法》和其他法律法规规定的合格投资者，且相同条款优先股的发行对象累计不超过 200 名合格投资者。非公开发行的相同条款优先股经转让后，投资者不超过 200 名。

②股息率设计。中建优 1 第 1~5 个计息年度的票面股息率通过询价方式确定为 5.80%。自第 6 个计息年度起，如果中国建筑集团不行使全部赎回权，每股股息率在第 1~5 个计息年度股息率基础上增加 200 个基点，第 6 个计息年度股息率调整之后保持不变。

中建优 1 发行时的票面股息率均将不高于该期优先股发行前中国建筑集团最近两个会计年度的年均加权平均净资产收益率，调整后的票面股息率将不高于调整前两个会计年度的年均加权平均净资产收益率。如果调整时点的票面股息率已高于调整前两个会计年度的年均加权平均净资产收益率，则股息率将不予调整。如果增加 200 个基点后的票面股息率高于调整前两个会计年度的年均加权平均净资产收益率，则股息率为调整前两个会计年度加权平均净资产收益率。

③股息是否累积和剩余利润分配。中建优 1 股息不累积，即在之前年度未向优先股股东足额派发股息的差额部分，不累积到下一年度。中建优 1 优先股股东按照约定票面股息率参与利润分配后，不再同普通股东一起参与剩余利润分配。

④赎回权和可转换权设计。中建优 1 的赎回权归发行人所有，不设置股东回售权。中建优 1 的赎回期限为 5 年。赎回价格为优先股票面价格加上决议支付但尚未支付的股息。中建优 1 不设置转换为普通股的条款。

综上所述，中建优 1 的特点在于调息安排。这种安排一方面赋予了发行人赎回优先股的权利，回避了利率下行的风险；另一方面又照顾了优先股股东的权益。到了赎回期，发行人如果选择不赎回，则股息率上浮 2 个百分点，这使得优先股股东规避了部分利率上行的风险。这种调息安排的股息设计方式在中国交通建设集团优先股的发行过程中也得到了使用。

但是，由于《优先股试点管理办法》规定优先股股息不得超过两年平均的净资产收益率。5年后的公司经营状况将存在较大的不确定性。假定中国建筑集团在5年的赎回期到期以后，两年平均净资产收益率低于5.8%甚至更低，那么5年之后优先股的股息率将低于5.8%，优先股股东将面临较大的利率风险。

（四）新兴产业优先股产品设计

1. 产品设计的背景和要点

新兴产业优先股是指随着新的科研成果和新兴技术的发明、应用而出现的新的部门和行业。新兴产业主要是指电子、信息、生物、新材料、新能源、海洋、空间等新技术的发展而产生和发展起来的一系列新兴产业部门。在我国资本市场，"TMT"是新兴产业重要的代表。

TMT是指科技、媒体与通信行业。近年来，TMT成为资本市场上的热点。无论是初创企业的风险投资、成长企业的首次公开募股，还是二级市场上的股票交易以及上市公司的并购重组，TMT行业表现都异常抢眼。根据普华永道发布的中国TMT2015年下半年报告，2015年下半年，中国TMT行业私募及创投投资情况在国内经济下行压力加大的情况下保持了稳中向好的发展态势。2015年下半年投资总额环比上半年增长8%，达到190.12亿美元（1美元约等于6.5元人民币，下同），投资数量环比增加11%，达到1 435笔。2015年第三季度，TMT行业投资达到954笔的高位，投资金额达到132.89亿美元。2015年第四季度，投资热情降温，TMT行业投资共481笔，投资金额为57.23亿美元。总体来看，投资总额与投资总量逐年有显著增长，单笔过亿投资数量从2012年的9笔一跃发展至2015年的71笔（上半年和下半年分别有39和32笔）。单笔最高投资金额也不断被刷新，2015年的单笔最高投资金额为30亿美元，是2012年单笔最高投资金额（10亿美元）的3倍。

TMT行业的首轮融资一般在企业初创期，投资方主要是股权投资（PE）或风险投资（VC），融资工具一般采用普通股，退出方式主要是首次公开募

股，部分采用并购的方式退出。TMT 行业采用优先股融资的案例还比较少，但是已经有了零星案例。TMT 行业采用优先股融资的最大的优点在于不会丧失企业经营管理的控制权，特别是处于成熟期的企业。在初创期，TMT 企业的主要投资方对于企业的控制权并不感兴趣，大部分股份都会选择通过首次公开募股或并购的方式退出。处于成熟期的 TMT 企业的大股东或经营管理层就必须考虑股权稀释和控制权的问题。因此，优先股也成为一种新的融资选择。

TMT 企业要吸引优先股投资者就必须在设计上有所突破，如股息率较高，或者股息可累积，或者设置投资者的回售权等。

2. 案例分析：中视优 1

（1）中视文化优先股融资的背景。海南中视文化传播股份有限公司（以下简称"中视文化"）成立于 2003 年，主营业务是文化创意综合服务，采用"轻资产"模式运行，形成广告、传媒、演艺和电影院线投资与管理四项主营业务并举的文化产业格局。中视文化于 2014 年 1 月 24 日在"新三板"挂牌。从 2015 年 5 月 4 日起，中视文化由协议转让方式变更为做市转让方式。截至 2015 年 5 月 11 日，中视文化总股本 6 200 万股，其中非限售股 1 769.08 万股均在"新三板"交易。

中视文化发行优先股的目的有两个：一是满足业务发展所带来的资金需求；二是优先股的发行既不会扩张股本，一般情况下也不会稀释现有股东的投票权，还能使公司通过较低的成本获得融资，满足公司影院不断扩张的资金需求，实现股东利益最大化。

（2）产品设计方案。

①发行规模和发行方式。中视优 1 发行的优先股总数为 10 万股，募集资金总额为 1 000 万元。中视优 1 一次核准、一次发行完毕，采取非公开发行的方式，经全国中小企业股份转让系统备案后发行。

②股息率。中视优 1 的票面股息率定为 4%。优先股票面股息率不高于本公司最近两个会计年度的年均加权平均净资产收益率。中视优 1 采用每年支付一次股息的方式。

③可累积、非参与、不可转换。中视优 1 采取累积股息支付方式，即在之前年度未向优先股股东足额派发股息和孳息的差额部分，累积到下一年度，且不构成违约。中视优 1 的股东按照约定的票面股息率分配股息后，不再同普通股股东一起参加剩余利润的分配。中视优 1 不能转换为公司的普通股。

④赎回及回售条款。中视优 1 设置了赎回权和回售权。中视优 1 的赎回选择权为公司所有，即公司拥有赎回权。回售权归发行对象，即海南联合股权投资基金管理有限公司所有，发行对象在协议履行期限届满后，有权向公司回售其所持有的优先股。中视优 1 赎回期及回售期为自首个计息起始日起期满 5 年之日起，至全部赎回或回售之日止。

中视优 1 的赎回及回售价格为优先股票面金额加累计未支付股息（包括所有递延支付的股息及其孳息）。

中视优 1 的投资方是海南联合股权投资基金管理有限公司，该公司是由海南联合资产管理公司及海南扶贫工业开发区总公司双方出资设立的国有独资股权基金管理公司。作为国有全资控股的基金公司，其设立的目的在于引导产业发展和实现国有资产保值增值。该项基金在 2013 年以前是以补贴的形式发放到各个企业，而之后则改成了股权投资或其他投资方式。由于企业对风险的控制，风险较低的优先股成为最佳投资选择。因此，优先股股东对企业控股和经营权没有太多的要求。中视优 1 的设计条款则主要体现的是满足投资方对于投资收益率和投资安全性的考虑。

中视优 1 最大的特点在于优先股股东的回售权，即发行对象在协议履行期限届满后，有权向公司回售其所持有的优先股。拥有回售权是非常重要的吸引投资者的条款，极大增强了优先股股东的流动性。

中视优 1 的票面股息率较低，只有 4%。但是发行人实际支付的费用不止如此。除固定股息外，中视文化每年另向投资方海南联合股权投资基金管理有限公司支付 3% 的基金管理费用。因此，中视优 1 的实际股息率为固定股息率 4%+基金管理费用 3%＝7%，远远高出同期优先股 4.5% 左右股息率平均水平。中视优 1 采用了股息可累积的条款，也是明显有利于投资方的。

三、分用途的优先股发行产品设计

（一）兼并重组类优先股产品设计

1. 产品设计背景和要点

优先股和现金、债券（债权性工具）、普通股一样都可以作为并购重组的支付工具。优先股和其他并购重组支付工具比较如表5-15所示。

表5-15　优先股和其他并购重组支付工具的比较

并购重组支付工具	优势	劣势
现金	支付完成后，被收购方股东将不再拥有任何相关权利及承担相关义务，简化交易。现金支付避免了金融工具价格波动的风险，在一定程度上简化了并购重组协议的设计	使用自有资金支付有可能导致资本充足率下降。由于金融行业资产负债比率较高，若选择发行债券、向银行借款，财务风险将提高。若选择出售资产变现，则需要考虑资产的变现能力及资产市价变动的风险等。使用现金支付，将造成"双重纳税"问题
普通股	延迟征税，被收购方股东若不出售交易中获得的股票则不需要缴纳资本利得税。对收购方的资本结构、资产负债比率、资本充足率负面影响较小。目标公司股东仍可以保留其所有者权益	公司的"股权结构"改变，原有股东的收益权及投票权都将被稀释。股票市场风险较高，这使得投融资双方都面临较大风险，也将使并购重组交易的定价变得更加困难。普通股的发行手续繁琐，融资成本也相对较高
债权性工具	避税效应，利息支出可进行税前结算。混合性资本债券、长期次级债券、可转债等属于附属资本，因此对资本充足率不产生较大冲击，对原有"股权结构"不产生影响。目标公司原有股东持有债权的风险较低	使公司经营面临较大的"财务风险"，降低资本充足率，使得目标公司原有股东面临违约风险、通胀风险等，投融资双方均面临利率风险。目标公司丧失了所有者权益

表5-15(续)

并购重组 支付工具	优势	劣势
优先股	避免"双重征税"问题，不会降低资本充足比率，不会提高资产负债比率，不会造成目标公司的财务压力。发行优先股可以不通过股东大会，而直接由董事会决议(美国)。对收购方企业的原有股东的"投票权"没有影响。优先股派发固定的股利，且其收益权优先于普通股，持有者面临的风险较小	在优先股交易机制不成熟的市场，优先股的流动性差。优先股的股利分配摊薄了并购方原有股东的收益。由于优先股的股息是固定的，且其收益权优先于普通股，落后于债权工具，使得目标公司原有股东面临违约风险、通胀风险，投融资双方均面临利率风险。当使用可转换优先股作为支付工具时，其"稀释效应"最终也将显现

《优先股试点管理办法》明确指出，上市公司可以公开发行优先股作为支付手段收购或吸收合并其他上市公司。在当前 A 股市场上，上市公司的并购重组根据交易目的和性质划分主要有以下三类：第三方并购、控股股东资产注入、借壳上市。前两类在交易形式上均以上市公司主动并购非上市公司资产为特点，借壳上市则是非上市公司主动并购或吸收合并上市公司以实现资产上市为目的的反向并购。优先股在这三类并购中的适用性是不同的。

（1）第三方并购。第三方并购指上市公司向无关联的第三方支付对价收购其资产，以产业化并购为主，即与被并购方主营业务相同或相关的并购方对该主体实施的并购行为。现阶段 A 股产业化并购主要表现为上市公司收购非上市主体，对价支付手段包括股份支付或现金交易，支付工具弹性和灵活性仍显不足，一定程度上制约了市场化并购的发展。优先股在第三方并购中能够发挥积极作用。

一是优先股无表决权，避免发生控制权转移或稀释。对于大多数第三方并购，特别是目前 A 股市场中的以上市公司并购非上市公司为主的产业并购，大多数被并购方股东交易的主要目的是获得投资收益，而非取得上市公司控制权。同时，上市公司控股股东也不希望在大规模或多次以股权作为支付对价过程中稀释其对上市公司的控制权。基于此，优先股作为替代性支付手段，比较理想地解决了并购方与并购方的不同诉求，增强了交易双方谈判的弹性空间。

二是优先股无限售期要求。根据《优先股试点管理办法》的规定，优先股发行后可以申请上市交易或转让，不设限售期。对于大部分第三方并购，被并购方股东希望获得流动性强的支付手段作为对价。但是目前中国证监会发布的《上市公司重大资产重组管理办法》中规定，特定对象以资产认购而取得的上市公司股份，自股份发行结束之日起 12 个月内不得转让。优先股未设限售期，将提高被并购方接受以优先股作为支付对价的可能性。

试点阶段不能发行可转换优先股限制了优先股在此类并购中的作用。但是，如果未来政策调整，允许发行可转换优先股。在资本市场向好和上市公司经营良好时，附带转换条款的优先股还可以使投资者享受隐含看涨期权的收益。

因此，在某些特定情况下，如上市公司控股股东持股比例不高、现金支付能力不足、被并购方要求股份支付但不希望承担市场风险、看好未来证券市场和公司发展的情况下，对并购方和目标公司股东双方而言，优先股在第三方并购交易中更容易被交易双方采纳。

（2）控股股东资产注入。由于我国 A 股市场监管法律法规中对于上市公司与控股股东、实际控制人就同业竞争问题存在明确要求，为解决同业竞争、实现体外资产证券化等目的，目前 A 股并购重组中相当一部分交易为控股股东资产注入上市公司形成的关联交易。对于该类交易，控股股东已经持有较高比例上市公司股份，如果通过发行普通股股份，进一步增持不利于上市公司资本结构的优化，且新发行股份需锁定 3 年，限制了股份流动性。相反，通过适当比例发行优先股，既可以保证控股股东未来获得稳定的股息收益，同时由于没有限售期限制，在面临资金流动性短缺的条件下，控股股东可以通过交易优先股，在保证对上市公司控制权的前提下，获得相应股份兑现的资金。因此，在这种情况下，优先股适用性较强。

（3）借壳上市。借壳上市是指非上市的公司将其全部或部分非上市资产植入其收购的上市公司中，从而实现上市。通常借壳上市交易的主要目的是获得上市公司控制权，因此在此类交易中，优先股适用性不强。

兼并重组类优先股的产品设计主要是第三方并购和控股股东资产注入的

需要。优先股股东不享有投票权，此类优先股股东是财务投资者，看好企业的长远发展，因此需要保障优先股股东的股息收益。第三方并购类优先股可以设计为可参与分配优先股，以满足优先股股东对企业利润分配的需要。如果未来政策允许，优先股也可以进行可转换权设计，给予优先股股东一个看涨期权。大股东资产注入类优先股关键是平衡好大股东和中小股东的权益，股息率设计不宜过高，可以参考市场定价实行浮动股息率，避免大股东以优先股股息的名义获取更多的利润分配。

以优先股作为兼并重组支付工具可以采用公开发行方式，公开发行的优点是具有充沛的流动性。但是《优先股试点管理办法》对公开发行的条件比较苛刻，如固定股息率、强制分配条款、可累积条款等。这就需要在公开发行和非公开发行中进行权衡。

2. 案例分析：电建优 1

（1）中国电建资产重组的困局。2011 年 10 月，中国水利水电建设股份有限公司［以下简称"中国水电"，股票"中国水电"（601669）。2013 年公司名称变更为"中国电力建设股份有限公司"，以下简称"中国电建"，股票简称变更为"中国电建"，证券代码不变。本书下称"中国电建"）］正在完成首次公开募股的发行工作等待挂牌交易。作为此次首次公开募股暂停前最后发行的一只且也是融资额超过 100 亿元的 A 股大盘股，中国电建高管和控股股东在其挂牌上市前承诺将在两年内启动大股东旗下优质资产的注入，并坦言注入有关资产后，将增加每股业绩。

2013 年 10 月，承诺到期日期将至，但此时市场环境及中国电建上市后的环境变化却使得该承诺的兑现有了较大的障碍。按再融资增发定价依据，上市公司增发股票的发行价将根据其增发公告发布时停牌日前 20 个交易日均价而定，若是对资产直接采用换股吸收方式，其增发价即以此定价；若进行融资，则增发价约为 20 日均价的 90%。以 2013 年 10 月中旬的中国电建股价计算，该股前 20 个交易日的均价仅为 3.12 元，中国电建若此时启动增发注资，则其发行股票吸收资产的定价为 3.12 元/股。如同时募集现金，那么增发价仅为 3.12 元/股的 90%，即 2.79 元/股。这个价格不仅远低于中国电建首次

公开募股时 4.5 元/股的发行价,还低于其当时每股净资产(3.32 元)。中国电建如果在此时兑现承诺低价增发,大股东将会获得更多的股权,但这会直接损害中小股东的利益。以该价格增发注资,那么中国电建为吸收该部分资产所增发的股份将使得股本扩大的比例超过预期,从而使得注资后的每股收益不升反降,与其当时"注入资产增加每股收益"的承诺相悖。如果启动配套融资,向战略投资者配售,中国电建可能涉及"国有资产流失"的嫌疑。除定向增发方案难以通过监管部门的审批外,注资方案也可能被股东大会否决。

要解决中国电建的这一注资问题,一种方式是等待其股价的回升或溢价增发。2013 年 10 月之后,A 股市场并没有迎来大盘的反弹,中国电建的股票价格不仅没有迎来期望中的大幅反弹,反而一路下探跌破 3 元/股。另一种方式是用其他融资工具,如定向发行优先股购买资产。优先股的有关特性决定了其发行将不涉及目前二级市场的股价,不会与普通股一样纳入总股本,因此不存在扩大总股本以至于摊薄每股收益的问题,使得股本过分扩大以及每股收益摊薄的问题得到了化解。中国电建要完成有关资产注入,利用优先股作为资产并购的支付工具是可行的方案。最终,中国电建选择了普通股溢价发行和优先股定向发行相结合的方式实施资产重组。

(2)同时发行普通股和优先股的资产重组方案。

①普通股定向增发方案。中国电建以非公开发行普通股和优先股的方式筹资。发行普通股的市场参考价为定价基准日前 20 个交易日交易均价(2.77 元/股),向中国电力建设集团有限公司发行普通股的价格为 3.63 元/股,较市场参考价溢价 31.05%,不低于发行普通股市场参考价的 90%。这种定向溢价发行的方式非常罕见,这也是为了平衡大股东和中小股东的利益。标的资产的交易价格为 171.66 亿元,承接债务所支付的对价金额为 25 亿元。发行的普通股数量=(标的资产的交易价格-承接债务所支付的对价金额)÷发行普通股的发行价格。按照普通股每股发行价格 3.63 元,中国电建向交易对手方发行股份购买资产的股份数量为 40.4 亿股。

中国电力建设集团有限公司承诺以资产认购而取得的中国电建的普通股

股份，自普通股股份发行结束之日起 36 个月内不转让。本次重大资产购买完成后 6 个月内如果中国电建的股票连续 20 个交易日的收盘价低于发行价，或者本次重大资产购买完成后 6 个月期末收盘价低于发行价的，中国电力建设集团有限公司持有的中国电建的普通股股票锁定期自动延长 6 个月。

②优先股定向发行方案。中国电建拟向不超过 200 名合格投资者非公开发行优先股募集配套资金，募集资金总额不超过 20 亿元，且不超过本次交易总金额的 25%。发行的优先股为附单次跳息安排的固定股息、非累积、非参与、可赎回但不设回售条款、不可转换的优先股。

在股息率设计上，优先股采用附单次跳息安排的固定股息率。第 1~5 个计息年度优先股的票面股息率通过询价方式确定为 5%，并保持不变。自第 6 个计息年度起，如果中国电建不行使全部赎回权，每股股息率在第 1~5 个计息年度股息率基础上增加 200 个基点，第 6 个计息年度股息率调整之后保持不变。针对跳息后有可能超过两个会计年度的年均加权平均净资产收益率问题，发行方案做了相应的安排。如果调整时点的票面股息率已高于调整前两个会计年度的年均加权平均净资产收益率，则股息率将不予调整。如果增加 200 个基点后的票面股息率高于调整前两个会计年度的年均加权平均净资产收益率，则调整后的票面股息率为调整前两个会计年度的年均加权平均净资产收益率。

电建优 1 股息不累积，即在之前年度未向优先股股东足额派发股息的差额部分，不累积到下一年度。优先股的股东按照约定的票面股息率分配股息后，不再同普通股股东一起参加剩余利润分配。

在赎回条款的设计上，电建优 1 的赎回期为自首个计息起始日起（分期发行的，自每期首个计息日起）期满 5 年之日起，至全部赎回之日止。中国电建有权自首个计息起始日起期满 5 年之日起，于每年的该期优先股股息支付日全部或部分赎回注销本次发行的该期优先股。中国电建决定执行部分赎回时，应对所有该期优先股股东进行等比例赎回。电建优 1 的赎回价格为优先股票面金额加当期已决议支付但尚未支付的股息。

中国电建通过向中国电力建设集团有限公司定向发行普通股和优先股的

方式，共募集资金 166.67 亿元，购买了中国电力建设集团有限公司所属水电、风电勘测设计板块经营性资产，并补充运营资金 10 亿元，流动性资金 10 亿元，顺利完成了资产重组的过程。

（3）电建优 1 发行对股权结构的影响。中国电建资产重组之前，股本总额为 96 亿股。按照该发行方案，中国电建发行 40.4 亿股普通股和 2 000 万股优先股用于购买资产，补充运营资金和流动资金。完成交易前后，中国电建股权结构变化如表 5-16 所示。

表 5-16　中国电建股权结构变化

项目	交易前		交易后	
	持股数/股	持股比例/%	持股数/股	持股比例/%
电建集团	6 472 800 192	67.43	10 512 980 963	77.07
其他普通股股东	3 127 199 808	32.57	3 127 199 808	22.93
普通股合计	9 600 000 000	100.00	13 640 180 771	100.00
优先股股东	—	—	20 000 000	—

通过表 5-16 可以看出，中国电建通过溢价发行普通股和配套发行优先股购买大股东中国电力建设集团有限公司的资产，但大股东中国电力建设集团有限公司的持股比例并没有发生重大的变化。如果按照一般的定向增发购买资产的方案，那么中国电力建设集团有限公司的持股比例将会大幅度上升。中国电建以非公开发行普通股和优先股的方式筹资之前，普通股的市场参考价为定价基准日前 20 个交易日交易均价（2.77 元/股），按照不低于 90% 的价格发行，实际发行价格最低可以设定为 2.49 元/股，以这个价格购买估值为 171.66 亿元的资产并承接 25 亿元的债务，再补充 20 亿元的流动资金和运营资金，需发行普通股 66.93 亿股。那么大股东的持股比例将会上升到 80.8%，超过现有的持股比例 3.73%，这明显有利于大股东扩大控制权（见表 5-17）。

表 5-17　中国电建实际定增方案与假设定增方案对股本结构的影响

项目	实际定增方案		假设定增方案	
	持股数/股	持股比例/%	持股数/股	持股比例/%
电建集团	10 512 980 963	77.07	13 165 800 192	80.8
其他普通股股东	3 127 199 808	22.93	3 127 199 808	19.2
普通股合计	13 640 180 771	100.00	16 293 000 000	100.00

截至 2016 年 5 月 27 日，中国电建普通股股价回升到 5.79 元。因此，中国电建用优先股定向发行和普通股溢价发行相结合的重组方案，充分平衡了大股东和中小股东的利益，完成了重组，实现了双赢。

（二）反并购类优先股产品设计

1. 产品设计要点

反并购类优先股的产品设计要点是制作成"毒丸"，以逼退恶意的收购者。可转换优先股是"毒丸计划"中非常重要的工具，其方式是目标公司向普通股股东发行优先股，一旦公司被收购，股东持有的优先股就能够以较低的价格转换为一定数额的普通股，造成收购人的持股比例降低，难以达到收购的目的。

因此，反并购类优先股的设计特点在于可转换为普通股，并预先设计好较低的转换价格，一旦收购方持股比例达到临界值，就可以启动"股权摊薄计划"。我国的法律法规暂时不支持"毒丸计划"。但是，我国注册地和上市地点都在境外的公司则可以实施"毒丸计划"。

2. 案例分析：搜狐"股东权益计划"

（1）搜狐反并购案背景。2001 年，搜狐对抗北大青鸟收购成为中国企业在海外纳斯达克市场运用优先股"毒丸计划"的首例。搜狐是中国最知名的互联网门户网站公司之一，2000 年 7 月 12 日在美国纳斯达克市场上市。

20 世纪 90 年代初，北大青鸟脱胎于软件工程项目。在随后的数年间，北

大青鸟的重大对外投资包括广电传输网、中芯国际、《京华时报》、华亿影视
等。从电信概念到芯片再到媒体，北大青鸟的投资覆盖了当时的热点。北大
青鸟由一个软件公司进化为一家投资公司。1998 年年底，北大青鸟软件有限
公司的全资子公司北京北大青鸟有限责任公司入主天桥百货（上交所上市），
成为占股权近 21% 的第一大股东。随后，天桥百货更名为"青鸟天桥"。2000
年 6 月 15 日，青鸟天桥发出公告，宣布入主华光科技（上交所上市），受让
原大股东潍坊华光集团有限责任公司持有的法人股 4 488 万股，占总股本的
20%，成为第一大股东。同时，北京北大青鸟有限责任公司受让潍坊华光集
团有限责任公司持有的法人股 1 953.29 万股，占总股本的 8.7%，成为华光科
技的第二大股东。2000 年 7 月，北大青鸟旗下公司青鸟环宇在香港创业板上
市，募集资金近 3 亿港币。2001 年，北大青鸟有意收购搜狐。此时，搜狐的
股票价格在 1 美元以下，而公司手中的现金相当于每股 1.62 美元。

　　搜狐创始人和首席执行官张朝阳对北大青鸟的进入最初表示了欢迎，但
随后北大青鸟向搜狐展现了公司的前景及为此所需要的一系列资产交易，让
搜狐方面感到不安。北大青鸟多次通过关联交易从上市公司青岛天桥中套现
资金超过 2 亿元。2001 年上半年，北大青鸟共计占用青鸟天桥资金 5 981 万
元。针对上述情况，搜狐的管理层判断北大青鸟进入的动机不明确。

　　（2）搜狐优先股"股东权益计划"方案。2001 年 4 月 23 日，香港青鸟
科技有限公司以每股 1.18 美元的价格买下英特尔手中的 307 万股搜狐股票。
2001 年 5 月 7 日和 5 月 8 日，北大青鸟买下电讯盈科旗下互联网风险投资公
司的 134 万股搜狐股票，以每股 1.68 美元的价格买下高盛集团等 5 家机构所
持有的 230 万股搜狐股票，北大青鸟总计持股 671 万股，一跃成为第三大股
东，仅次于第一大股东张朝阳和第二大股东香港晨星科技。

　　2001 年 7 月，为防止被收购，搜狐宣布其董事会已采纳了一项"股东权
益计划"，以防止收购人在没有向搜狐所有股东提出公正条款的情况下获得搜
狐的控股权。该计划具体内容是：2001 年 7 月 23 日交易日结束时登记在册的
普通股股东（恶意收购者除外），有权按 1 股普通股买入 1 股搜狐"可转换优
先股"，行权价为每股 100 美元。在被并购后，每一优先股可以兑换成新公司

（包括收购、吸收、合并搜狐而成立的新公司、搜狐不复存在及被收购后搜狐仍存在的情况）两倍于行权价格的股票（市场价值为 200 美元的新公司的普通股），或者以 100 美元的价格从公司赎回现金 200 美元。在以下情况出现后 10 天后，购买优先股的股权证将寄给除恶意收购者之外的股东：第一，个人或团体收购 20% 或更多的搜狐普通股获得公司控股权；第二，公开宣布收购或换股使个人或团体可获得 20% 或更多的搜狐普通股从而达到控股标准。

（3）"股东权益计划"成功阻击恶意收购。搜狐当时的总股本为 3 476.5 万股，假定有人恶意收购搜狐股份达到 20% 时启动上述计划，除恶意收购者外的所有股东均行使认购权认购优先股。总股本的 80% 为 2 781.2 万股，每股 100 美元，所需资金为 27.812 亿元。这笔优先股可以转换成两倍于该金额的普通股股票，价值高达 55.624 亿美元。搜狐在 2001 年 8 月 3 日的收盘价为 1.4 美元，市值为 4 867.1 万美元。一旦"毒丸计划"启动，原搜狐股东行使优先股转换权，转为新公司的普通股价值是并购前搜狐市值的约 57 倍，将严重稀释收购者的股权比例，使收购者失去新公司的控股权。如果股东选择在二级市场上出售普通股，在不考虑对股价冲击成本的前提下，可获利 27.812 亿美元。在"毒丸计划"的制约下，北大青鸟最终放弃了对搜狐的并购。

（三）初创企业融资类优先股产品设计

1. 产品设计要点

创业企业以不确定性、高风险性为特征，缺乏公开市场的融资渠道。创业企业有可能高速成长，带来高额收益，但也有可能被市场证明一文不值。创业企业融资方式不同于成熟企业在公开市场上开展的融资，它必须足够灵活以服务于投融资双方的权利和义务设计。优先股是创业企业融资的重要方式之一。

对于创业企业和风险投资公司而言，存在债权、普通股、优先股等多种投融资方式，这几种融资方式各有利弊（见表 5-18 和表 5-19）。但综合来看，可转换优先股对投融资双方来说都是一种可以接受的较好的选择。

表 5-18 创业企业融资方式比较

项目	资金成本与现金流	融资风险	股权稀释
债权	有"税盾效应",定期有现金流流出	加大了财务风险	无股权稀释
普通股	无"税盾效应"	财务风险降低	导致股权稀释,可能丧失控制权
不可转换优先股	无"税盾效应",现金流出递延至盈利后	财务风险降低,盈利后现金流出增大	股权会稀释但不会导致控制权丧失
可转换优先股	无"税盾效应",现金流出递延至盈利后	财务风险低,普通股后无固定现金流流出	可能造成股权稀释,但由于风险投资获利退出后股权较分散,一般不会丧失控制权

表 5-19 风险投资公司投资标的比较

项目	投资收益	投资风险	监督成本
普通股	投资收益不确定	投资风险大	获得控制权,和管理层存在委托-代理问题,监督成本高
不可转换优先股	固定股息,收益可预期	有优先获利权和优先清偿权,风险相对较小	不能转换为普通股,没有控制权
可转换优先股	未上市获取固定收益,上市时可转普通股享受流动性溢价,收益高	有优先获利权和优先清偿权,风险相对较小	上市前无控制权,上市后获取部分控制权,对管理者有一定激励,监管成本相对较低

下面以两种方案对优先股作为风险投资工具的优势进行说明。

方案1:甲乙双方成立了一家营销软件的 A 公司。甲方以其开发的软件作为出资,乙方出资 50 万元。双方认为甲方所提供的软件与乙方所提供的资金对于 A 公司的成功同等重要。因此,双方决定平分企业的控制权以及未来利润。基于此,双方持有同等的普通股股权。

方案2:甲乙双方成立了一家营销软件的 A 公司。甲方以其开发的软件作为出资,乙方出资 50 万元。双方认为甲方所提供的软件与乙方所提供的资金对于 A 公司的成功同等重要。但是,甲方认为其作为软件的开发者与企业的管理者需要获得 A 公司的控制权；乙方作为财务投资者更看重未来的收益。因此，A 公司的股权结构为，甲方获得 50 万股（1 元/股）的普通股，乙方获得 5 000 股（100 元/股）可转换优先股。乙方有优先的固定股息分配权（10%）、A 公司破产时的优先清算权以及 A 公司上市时的普通股转换权（1 股优先股转为 100 股普通股）。当出现如下事件时方案 1 和方案 2 会有不同的结果。

事件 1：A 公司成立不久后，另外一家 B 公司开发的软件优于甲方开发的软件，这致使 A 公司发展前景黯淡。甲乙双方决定放弃 A 公司。方案 1 的结果是由于甲乙双方的出资比例相同，所享有的股权平等，双方有权平分公司剩余资产，也就是乙方所提供 50 万元现金所剩余的 40 万元。对于甲方而言，其可以获取 20 万元资产。但对于乙方而言，平分 40 万元后其亏损 30 万元。这样的结果对乙方是不公平的。因为 A 公司的失败归因于甲方所开发软件市场竞争力的不足，在剩余的 40 万元里，看不到甲方的贡献。方案 2 的结果是剩余 40 万元归于乙方，甲方无资金亏损，乙方亏损 10 万元。这种结果是比较公平的。

事件 2：A 公司第一年盈利 10 万元，提取 5 万元盈余公积，剩下 5 万元用于分红。按照方案 1，甲乙双方各分红 2.5 万元。按照方案 2，乙方优先分红，获得投资额 50 万元 10% 的固定收益，获得分红 5 万元，甲方没有分红。第二年公司盈利 100 万元，提取盈余公积 50 万元，剩下 50 万元用于分红。按照方案 1，甲乙双方各分红 25 万元。按照方案 2，乙方优先分红，获得固定收益 5 万元。甲方获得剩余利润 45 万元。方案 2 相比方案 1 更能激励甲方努力经营，获取更多的收益；对于乙方，也能控制风险，获取固定收益。

事件 3：A 公司准备上市，发行新股 100 万股，新股 IPO 价格为 5 元/股。方案 1，甲乙双方各有 A 上市公司 50 万股股票，各占股本总数的 25%。乙方可以选择退出，在二级市场以 3 元/股卖出 50 万股，获利 200 万元。方案 2，甲方持股数和持股比例不变，乙方 5 000 股优先股转换为 50 万股普通股，以 5 元/股在二级市场卖出获利 200 万元。两种方案结果一致。

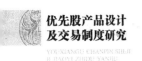
综合上述两种方案在三种情形下的结果，用可转换优先股进行风险投资对于甲乙双方是双赢的结果，明显优于普通股的风险投资方式。

综上所述，初创企业优先股设计要点在于可转换权与转换比例的设定。初创企业一般需要经过多轮融资，从 A 轮融资到 IPO 的过程相对较长。股权投资或风险投资等投资方的盈利主要是企业 IPO 上市转换为普通股后退出，对优先股的股息率的要求不高。因此，创业企业类优先股股息率相对较低，一般不累积，不设置回售权，一般也不会行驶赎回权。

2. 案例分析：如家酒店集团优先股

（1）如家酒店集团融资的背景。如家酒店集团（以下简称"如家"）于 2002 年 6 月由首都旅游国际酒店集团和携程旅行服务公司共同出资组建，注册地在开曼群岛。2002 年，如家仅 4 家分店，2003 年年底发展到在 4 个城市拥有 10 家分店，2005 年快速发展到在 22 个城市拥有 68 家连锁分店。如家的市场从初期的上海、北京等全国一线城市扩张到区域性中心城市。如家的快速扩张，导致需要充足的发展资金，快速占据市场。当时开一家 100 间房间的单店租金和装修费用在 300 万元左右。2003 年，如家实施第二轮融资时，如果计划两年内扩张到 60 家门店，初步估算需要 2 亿元。资金来源有两个部分：一部分是自有资金。如家的毛利率在 20%～30%，两年内大约可筹集 1 亿元。另一部分是外部资金支持，融资 1 000 万美元左右。如家采取的是私募股权融资，具体就是向私募股权基金发行可转换优先股，待上市之后，私募股权可以选择套现退出。

（2）优先股在如家多轮融资中的运用。2003 年 2 月，IDG 技术创业投资基金（IDGVC）和亚洲之星基金（AsiaStar IT Fund，由美国梧桐投资公司管理）对如家进行了第一轮私募股权投资。IDGVC 是从属与 IDG 集团的风险投资基金。IDG 集团是美国国际数据集团的简称。美国国际数据集团（International Data Group）是全世界最大的信息技术出版、研究、会展与风险投资公司。IDG 集团创建于 1964 年，总部设在美国波士顿。1993 年，IDGVC 创始合伙人熊晓鸽代表 IDG 集团投资 2 000 万美元与上海科委合作，成立中国第一家合资技术风险公司——美国太平洋技术风险投资基金（中国）。IDGVC 投资于各个成长阶段的公司，主要集中于互联网、通信、数字媒体、半导体和生命科学等高科技领域。

美国梧桐投资公司是一个全球性投资机构，分别在美国、中国、印度和新加坡设有分支机构。该公司旗下的 AsiaStar IT Fund 专注投资于大中华区。该公司寻找处于成长扩张阶段的公司的投资机会，这些被投资公司必须具备优秀的管理团队，并且有潜能占据行业的领先地位。AsiaStar IT Fund 投资的领域涉及高科技、消费、制造以及传播媒体等。

IDGVC 以每股 46.4 美元的价格获得如家 32 328 股可转换优先股，涉及融资金额 150 万美元。AsiaStar IT Fund 购入如家 53 879 股，涉及融资金额 250 万美元。2003 年 4 月，如家通过了 1∶200 转换决议，每股优先股价格定为 0.232 美元。IDGVC 拥有如家 6 465 600 股优先股，AsiaStar IT Fund 拥有如家 10 775 800 股优先股。这些优先股将在如家 IPO 时自动转换成普通股。

2003 年 11 月，IDGVC 和 AsiaStar IT Fund 对如家进行了第二轮私募投资，每股价格为 0.330 9 美元。IDGVC 获得 906 617 股可转换优先股，涉及金额 30 万美元；AsiaStar IT Fund 获得 1 511 028 股，涉及金额 50 万美元。

2005 年 1 月，又一家私募股权机构海纳亚洲创投基金以每股 1.531 美元的价格获得 3 265 841 股可转换优先股，共投资 500 万美元。海纳亚洲创投基金是海纳国际集团（SIG）在上海设立的全资境外企业，主要从事海纳国际集团在中国的风险投资和私募股权投资。

（3）优先股的退出。2006 年 10 月 26 日，如家快捷酒店（NASDAQ：HMIN）股票在纳斯达克开始挂牌交易，开盘价 22 美元，比发行价 13.8 美元高出 59.4%，融资约 1.09 亿美元。如家的首次公开招股承销商包括瑞士信贷、美林证券和德意志银行，其中前两家公司为主承销商。根据协议，上述首次公开招股承销商可于招股后 30 天内、在配额之外、以首次公开招股价格再从如家收购 988 410 股以及从限售股东收购 196 590 股如家美国存托凭证。如家计划将 4 500 万美元的 IPO 收益用于扩大连锁酒店规模及改进酒店设施，750 万美元用于偿还首都旅游国际酒店集团的债务，其余部分将投入公司运营资本。

如家上市前的主要财务数据如表 5-20 所示。

表 5-20　如家上市前的主要财务数据

项目	2004 年	2005 年	截至 2006 年 6 月 30 日	
净营收	9 089.9 万元	26 903.1 万元	23 571.5 万元	2 948.5 万美元
运营成本及支出	8 203.1 万元	23 843.5 万元	19 583.7 万元	2 449.7 万美元
运营利润	886.8 万元	3 059.6 万元	3 987.8 万元	498.8 万美元
净利润	596.9 万元	2 093.3 万元	2 724.9 万元	340.9 万美元

根据如家向美国证券交易委员会提交的招股说明书，如家通过首次公开招股发行 790 万股美国存托凭证，其中 4 885 827 股来自公司本身，另外 3 014 173 股来自限售股东。

如家上市后，1 股优先股转换为 1 股普通股。AsiaStar IT 基金合计持有的 12 286 828 股优先股转换为相同数量的普通股，IDGVC 持有的 7 372 217 股优先股和 SIG 持有的 2 873 940 股优先股也同时转换为相同数量的普通股。

由表 5-21 可以看出，上市以后风险投资基金 AsiaStar IT Fund、IDGVC 以及持股数量相对较小的 Kangaroo 投资所持有的如家优先股自动转换为普通股，这三家风险投资公司选择全部或部分退出。AsiaStar IT Fund 卖出 3 686 048 股，IDGVC 卖出 2 211 665 股，Kangaroo 投资卖出 130 633 股。SIG 则选择继续持有如家股份。从收益上看，IDGVC 和 AsiaStar IT Fund 投入的 180 万美元和 300 万美元，按照上市当日收盘价 22 美元计算，市值已经达到了 1.62 亿美元和 2.7 亿美元，实现了接近 100 倍的收益。

表 5-21　如家上市前后的股权结构

持股方	IPO 前持股		IPO 中售股		IPO 后持股	
	持股数/股	比例/%	持股数/股	比例/%	持股数/股	比例/%
所有董事和高管	11 340 601	20.72	0	0	11 340 601	17.58
Poly Victory 投资公司	13 364 140	24.45	0	0	13 364 140	20.73
Asiastar IT Fund	12 286 828	22.46	3 686 048	6.74	8 600 780	13.34

表5-21（续）

持股方	IPO 前持股		IPO 中售股		IPO 后持股	
	持股数/股	比例/%	持股数/股	比例/%	持股数/股	比例/%
IDGVC	7 372 217	13.48	2 211 665	4.04	5 160 552	8.00
季琦	4 411 294	8.06	0	0	4 411 294	6.84
Chung Lau	4 033 342	7.37	0	0	4 033 342	6.26
Susquehanna 中国投资	2 873 940	5.25	0	0	2 873 940	4.46
Kangaroo 投资	130 633	小于 1	130 633	小于 1	0	0

（四）回购普通股类优先股产品设计

1. 上市公司回购普通股的动机

根据《优先股试点管理办法》的规定，上市公司发行优先股用于回购普通股的，可以采取公开方式发行优先股。

在我国上市公司股票回购主要是以提升公司股价的目的，还有可能是为增加竞争对手的收购成本。根据回购股票的筹资方式，回购可以分为现金回购、举债回购和优先股回购。现金回购是指企业利用自有资金来回购本公司的股票，这种情况可以分配企业的超额现金，起到替代现金股利的目的。举债回购是指企业通过向银行等金融机构借款的办法来回购本公司股票。如果企业认为其股东权益所占的比例过高，资本结构不合理，就可能用举债获得的资金进行股票回购，以优化企业的资本结构。优先股回购是指发行优先股替换普通股的回购方式，这种方式不会提高资产负债率，只是股本结构发生了变化。

2. 发行优先股回购普通股的产品设计

上市公司发行优先股和回购普通股可以同步进行，即以普通股为支付方式认购优先股，实施的对象主要是上市公司的控股股东及其他大股东。如果优先股以公开方式发行，优先股可以按普通股的持股结构配售给普通股股东。

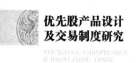

一般的普通股股东可以放弃优先股认购（也可以参与认购），但公司控股股东则必须参与或部分参与优先股的认购，并且可以设置一定的认购比例，所认购的优先股份额的资金结算则用回购普通股的方式来支付，由上市公司回购控股股东等额的普通股即可。如果是非公开发行优先股，公司控股股东必须认购一定比例的发行份额，具体操作与公开发行优先股的情况相同。

在优先股的产品设计中，由于发行对象是普通股股东，为了提高普通股股东认购优先股的积极性，优先股可以设置较高的股息率，采取可累积、可参与剩余利润分配等条款设计。由此，以财务投资为主要目的的普通股股东才有认购优先股的需求。如果未来可转换优先股的限制放开，优先股也可以设置可转换条款，让股东有更多的选择机会。由于当前 A 股市场没有发行优先股回购普通股的案例，因此暂时不能进行相关的案例分析。

四、分板块的优先股发行产品设计

（一）上证 50 板块优先股发行产品设计

上证 50 指数是根据科学客观的方法，挑选上海证券市场规模大、流动性好的最具代表性的 50 只股票组成样本股，以便综合反映上海证券市场最具市场影响力的一批龙头企业的整体状况。上证 50 指数自 2004 年 1 月 2 日起正式发布。其目标是建立一个成交活跃、规模较大、主要作为衍生金融工具基础的投资指数。上证 50 上市公司的特点是规模大，或者是行业的代表性企业，银行类上市公司占了较高的比例。

我国上证 50 上市公司中已经有 10 家选择发行优先股融资，包括浦发银行、康美药业、兴业银行、北京银行、农业银行、中国银行、中国建筑、中国电建、中国交建等。因此，上证 50 上市公司是我国优先股发行最集中的板块。

上证 50 上市公司可以选择公开发行方式和非公开发行方式。优先股如果采用公开发行的方式，即可面向不特定对象发行，无需界定合格投资者，投资者范围广，发行成功的概率高。公开发行的优先股能够上市交易，流动性最好。但是政策层面上对公开发行进行了较多的制约，使得公开发行优先股缺乏灵活性。公开发行必须满足以下的产品设计条款：一是采取固定股息率；二是在有可分配税后利润的情况下必须向优先股股东分配股息；三是未向优先股股东足额派发股息的差额部分应当累积到下一会计年度；四是优先股股东按照约定的股息率分配股息后，不再同普通股股东一起参加剩余利润分配。但是，商业银行发行优先股补充资本的，可就第二项和第三项事项另行约定。

从目前的情况看，上证 50 上市公司优先股都选择了以非公开方式发行，这是由于上证 50 上市公司资质都相对较好、风险较小，寻找优先股投资人比较容易。因此，上证 50 上市公司不会因为优先股发行问题或流动性问题而服从较为严苛的设计条款。虽然商业银行可以就公开发行条款的第二项和第三项事项另行约定，《中国银保监会 中国证监会关于商业银行发行优先股补充一级资本的指导意见（修订）》规定："商业银行应设置将优先股强制转换为普通股的条款，即当触发事件发生时，商业银行按合约约定将优先股转换为普通股。商业银行发行包含强制转换为普通股条款的优先股，应采取非公开方式发行。"《巴塞尔协议》规定，优先股在核心一级资本充足率不足时可以转换为普通股。因此，只要商业银行发行优先股为了补充一级资本，就必须采用非公开发行的方式。

上证 50 上市公司优先股的设计在之前的分析中已经举了较多案例，如农行优 1、中建优 1、电建优 1 等，这里不再重复举例。

（二）"新三板"优先股发行产品设计

1. 产品设计的背景和要点

"新三板"优先股的产品设计不仅要满足《优先股试点管理办法》的规定，还需要满足《全国中小企业股份转让系统优先股业务指引（试行）》的

规定。"新三板"挂牌公司属于非上市公众公司。《优先股试点管理办法》对非上市公众公司发行优先股的主要规定如下：

第四十一条规定："非上市公众公司非公开发行优先股应符合下列条件：（一）合法规范经营；（二）公司治理机制健全；（三）依法履行信息披露义务。"

第四十二条规定："非上市公众公司非公开发行优先股应当遵守本办法第二十三条、第二十四条、第二十五条、第三十二条、第三十三条的规定。"

第二十三条规定："上市公司已发行的优先股不得超过公司普通股股份总数的百分之五十，且筹资金额不得超过发行前净资产的百分之五十已回购、转换的优先股纳入计算。"

第二十四条规定："上市公司同一次发行的优先股，条款应当相同。每次优先股发行完毕前，不得再次发行优先股。"

第二十五条规定："上市公司不得发行优先股的若干情形。"

第三十二条规定："优先股每股票面金额为一百元……发行价格不得低于优先股票面金额……非公开发行优先股的票面股息率不得高于最近两个会计年度的年均加权平均净资产收益率。"

第三十三条规定："上市公司不得发行可转换为普通股的优先股。但商业银行可根据商业银行资本监管规定，非公开发行触发事件发生时强制转换为普通股的优先股，并遵守有关规定。"

《全国中小企业股份转让系统优先股业务指引（试行）》进一步对"新三板"挂牌公司发行优先股做出规定："普通股股东人数与优先股股东人数合并累计不超过二百人的挂牌公司，按照本指引的规定发行优先股的，应当向全国中小企业股份转让系统有限责任公司（以下简称'全国股转公司'）履行备案程序。"

这是一个非常重大的突破，即"新三板"挂牌公司在满足普通股和优先股股东人数合计不超过 200 人的情况下发行优先股，不需要再通过中国证监会走核准流程，只需要向全国股转公司备案即可。

因此，"新三板"挂牌公司的优先股设计方案的主要特色就是非公开发行和备案发行。和公开发行优先股的政策制约相比，非公开发行优先股的限制条件相对较小，灵活程度高了很多。上市公司非公开发行优先股在盈利方面要求三年平均可分配利润不得少于一年优先股息，而非上市公众公司则没有盈利方面的要求。股息率可以采用浮动股息率，也可以采用固定股息率。但是，为了防止大股东通过优先股来侵犯小股东的利益，非公开发行的最高股息率不得超过两年加权平均净资产收益率。优先股不必强制派发股息，股息可以累积，也可以不累积。优先股股东在获得股息之后可以参与普通股股东的利润分配。这就降低了发行的门槛，增强了优先股发行的灵活性。

"新三板"挂牌公司规模相对较小，灵活的发行设计条款有利于通过较高的股息率或可累积、可参与分配等方式吸引投资者，从而在企业的成长阶段既获得了融资又保持了企业的控制权。

2. 案例分析：鑫庄农贷优先股

前文已经介绍了"新三板"优先股中视优1的发行案例。鑫庄农贷是第一只发布优先股发行预案的挂牌公司。我们可以从鑫庄农贷非公开发行优先股预案中分析其产品设计思路。

2015年11月2日，"新三板"挂牌公司苏州高新区鑫庄农村小额贷款股份有限公司（以下简称"鑫庄农贷"）推出了"新三板"首份非公开发行优先股预案。鑫庄农贷从2015年4月启动普通股定向增发，但2015年下半年资本市场环境发生了重大变化。鑫庄农贷不希望以接近每股净资产的价格发行股票、稀释股权，因此鑫庄农贷放弃普通股定向增发而采用优先股的募集资金方式。

（1）发行规模和发行方式。鑫庄农贷拟发行的优先股数量不超过150万股，计划融资规模不超过1.5亿元。所募集资金全部用于补充公司资本金，提高公司资本充足率。鑫庄农贷优先股采取非公开发行的方式，发行对象为符合《优先股试点管理办法》规定的合格投资者，所有发行对象均以现金认购。

（2）股息率分阶段调整。票面股息率采用分阶段调整方式，自缴款截止日起每5年为一个计息周期，每个计息周期内股息率相同。第一个计息周期

的股息率通过询价方式或有权机关认可的其他方式确定。鑫庄农贷2014年度及2013年度年均加权平均净资产收益率分别为10.83%和12.02%，优先股票面股息率将不高于鑫庄农贷最近两个会计年度的年均加权平均净资产收益率11.4%。

票面股息率包括基准利率和固定溢价两个部分，其中固定溢价以发行时确定的票面股息率扣除发行时的基准利率后确定，一经确定不再调整。在重定价日，鑫庄农贷将确定未来新的一个计息周期内的股息率水平，确定方式是根据重定价日的基准利率加首次定价时所确定的固定溢价得出的。

（3）股息可累积，非参与，不可转换。鑫庄农贷优先股每年派发一次现金股息，采取累积股息支付方式，即在之前年度未向优先股股东足额派发股息的差额部分，累积到下一年度，且不构成违约。优先股股东按照约定的票面股息率分配股息后，不再同普通股股东一起参加剩余利润分配。优先股不能转换为普通股。

（4）可赎回，不能回售。鑫庄农贷优先股的赎回权为公司所有，赎回期限5年。不设置投资者回售条款，即优先股股东无权向公司回售其所持有的优先股。赎回价格及为优先股票面金额加累计未支付股息（包括所有递延支付的股息及其孳息）。

以上优先股设计方案对于鑫庄农贷而言是适宜的。由于小贷公司经营环境正在发生深刻变化，面临持续的资本压力，而鑫庄农贷正处于发展创新的关键时期，各项业务的持续发展需要增强公司的资本实力。发行优先股可以在不稀释控制权的情况下起到为公司融资的作用，这符合公司成长初期股票估值较低的特征。如果市场利率大幅降低，公司也可以到期赎回这些股份。对于优先股股东而言，其可以拿到固定收益，股息能够以5年为一个周期进行调整，并且可累积，对于投资者而言具有一定的吸引力。

五、分发行方式的优先股发行产品设计

不同的发行方式下优先股产品设计并不相同。我国正处于优先股试点阶段，对于公开发行优先股有比较严格的监管限制。非公开发行优先股需要平衡大股东和中小股东的权益，也有一些特殊的设计要求。

（一）公开发行优先股产品设计

1. 公开发行优先股的特别规定

公开发行优先股只适用于上市公司，非上市公司不能公开发行优先股。《优先股试点管理办法》对于公开发行优先股做了以下特别规定：

第二十六条规定："上市公司公开发行优先股，应当符合以下情形之一：（一）其普通股为上证 50 指数成份股；（二）以公开发行优先股作为支付手段收购或吸收合并其他上市公司；（三）以减少注册资本为目的回购普通股的，可以公开发行优先股作为支付手段，或者在回购方案实施完毕后，可公开发行不超过回购减资总额的优先股。中国证监会核准公开发行优先股后不再符合本条第（一）项情形的，上市公司仍可实施本次发行。"

第二十七条规定："上市公司最近三个会计年度应当连续盈利。扣除非经常性损益后的净利润与扣除前的净利润相比，以孰低者作为计算依据。"

第二十八条规定："上市公司公开发行优先股应当在公司章程中规定以下事项：（一）采取固定股息率；（二）在有可分配税后利润的情况下必须向优先股股东分配股息；（三）未向优先股股东足额派发股息的差额部分应当累积到下一会计年度；（四）优先股股东按照约定的股息率分配股息后，不再同普通股股东一起参加剩余利润分配。商业银行发行优先股补充资本的，可就第（二）项和第（三）项事项另行约定。"

第二十九条规定："上市公司公开发行优先股的，可以向原股东优先配售。"

第三十条规定："除本办法第二十五条的规定外，上市公司最近三十六个月内因违反工商、税收、土地、环保、海关法律、行政法规或规章，受到行政处罚且情节严重的，不得公开发行优先股。"

第三十一条规定："上市公司公开发行优先股，公司及其控股股东或实际控制人最近十二个月内应当不存在违反向投资者作出的公开承诺的行为。"

2. 产品设计要点

《优先股试点管理办法》的监管要求实际上对公开发行的优先股产品设计做了以下明确要求：

第一，发行人的要求。发行人要求为上证 50 指数成份股的上市公司，这意味着有条件公开发行优先股的上市公司也就 50 家左右。当然，如果是发行优先股用于并购重组或回购普通股，其他公司也可采用公开发行的形式。但是，当前并购重组大多数采用定向增发普通股的方式，以优先股作为支付工具还较少。同时，回购普通股在我国并不普遍。因此，具有公开发行优先股资格的发行人一般也在上证 50 上市公司范围内。

第二，在产品设计中，公开发行优先股必须采用固定股息。采用固定股息是给投资人一个明确的收益预期。公开发行投资人众多，必然有大量普通的个人投资者，其对比较复杂的股息率设计可能并不能完全理解。公开发行的优先股有强制付息的要求，即有可分配税后利润的情况下必须派息。公开发行优先股必须采用累积优先股的形式，这和强制派息条款一样是为了保护中小投资者的利益。公开发行优先股不得设计为可参与分配优先股，这是为了保护普通股股东的权益。

第三，公开发行条件下普通股股东具有优先获得优先股的权利。

（二）非公开发行优先股产品设计

1. 非公开发行优先股的规定

非公开发行优先股的条件要宽松很多，上市公司需要符合发行优先股的一般规定，非上市公众公司需要符合相应的规定。发行优先股的一般规定主要如下：

上市公司发行优先股，最近三个会计年度实现的年均可分配利润应当不少于优先股一年的股息；上市公司发行优先股募集资金应有明确用途，与公司业务范围、经营规模相匹配，募集资金用途符合国家产业政策和有关环境保护、土地管理等法律和行政法规的规定。

除金融类企业外，募集资金使用项目不得为持有交易性金融资产和可供出售的金融资产、借予他人等财务性投资，不得直接或间接投资于以买卖有价证券为主要业务的公司。

上市公司已发行的优先股不得超过公司普通股股份总数的50%，且筹资金额不得超过发行前净资产的50%，已回购、转换的优先股不纳入计算。

上市公司同一次发行的优先股，条款应当相同。每次优先股发行完毕前，上市公司不得再次发行优先股。

非公开发行优先股的票面股息率不得高于最近两个会计年度的年均加权平均净资产收益率。

2. 产品设计的要点

非公开发行的优先股在产品设计上有两个硬性的规定：一是发行规模不得超过普通股股本的50%，金额不得超过净资产的50%；二是股息率的设计，即非公开发行优先股的股息率不得超过最近两个会计年度的年均加权平均净资产收益率。这是为了保护中小普通股股东的权益，避免公司的控制人通过高股息率向关联方输送利益。但这样的规定意味着最近两个会计年度没有盈利或盈利较差的公司无法发行优先股。因为两年平均的净资产收益率如果太低，那么优先股的股息率就会更低，低股息率对于投资者没有吸引力。

由于非公开发行优先股在监管上相对宽松，因此我国的优先股发行人都选择以非公开方式发行优先股。前文所叙述的农行优1、中建优1、中视优1等都采用非公开发行方式，此处不再重复举例论述。

第六章
我国优先股交易机制

一、我国现行的优先股交易制度

我国优先股可以在上交所和深交所进行交易或转让。公开发行并且上市的优先股可以进行竞价交易。非公开发行的优先股可以申请在上交所和深交所转让。

（一）投资监管政策

1. 优先股非公开发行合格投资者的界定

《优先股试点管理办法》规定，优先股非公开发行条件下的合格投资者如下：

一是经有关金融监管部门批准设立的金融机构，包括商业银行、证券公司、基金管理公司、信托公司和保险公司等。上述金融机构面向投资者发行的理财产品，包括但不限于银行理财产品、信托产品、投连险产品、基金产品、证券公司资产管理产品等。

二是实收资本或实收股本总额不低于 500 万元的企业法人。

三是实缴出资总额不低于 500 万元的合伙企业。

四是合格境外机构投资者（QFII）、人民币合格境外机构投资者（RQFII）、符合国务院相关部门规定的境外战略投资者。

五是除发行人董事、高级管理人员及其配偶以外的，名下各类证券账户、资金账户、资产管理账户的资产总额不低于 500 万元的个人投资者。

六是经中国证监会认可的其他合格投资者。

2. 机构投资者优先股投资比例的规定

优先股为机构投资者，尤其是保险类机构投资者或社保类机构投资者提供了一种非常适宜的投资品种，使其不用像普通股投资者那样必须操心公司的经营状况，而享有比普通债券更高的投资收益，减小了此类机构的投资风

险和投资难度。《国务院关于开展优先股试点的指导意见》对机构投资者投资优先股进行了区别对待。如果是全国社会保障基金、企业年金类机构投资者，其"投资优先股的比例不受现行证券品种投资比例的限制"，具体政策由国务院主管部门制定；如果是外资类机构投资者，其持股比例采用"优先股与普通股合并计算"的方式。

3. 保险资金投资优先股的规定

（1）保险资金投资优先股的基本条件。保险资金可以直接投资优先股，也可以委托符合《保险资金委托投资管理暂行办法》规定条件的投资管理人投资优先股。保险机构投资优先股，应当具备相应的投资管理能力。

保险资金投资优先股，应当具备完善的决策流程和内控机制。保险资金在一级市场投资优先股，应当由董事会或者董事会授权机构逐项决策，形成书面决议；在二级市场投资优先股，应当制定明确的逐级授权制度。

（2）对优先股信用评级的要求。保险资金投资的优先股，应当具有 A 级或相当于 A 级以上的长期信用等级。保险资金投资的优先股，应当经中国银保监会认可的信用评级机构的评级。优先股的信用等级原则上应当低于最近普通债项两个等级或次级债项一个等级（两者同时存在的，遵循孰低原则）。发行方最近发行普通债项或次级债项已经经过前述机构评级并存续的，优先股的信用等级可以按照上述原则由评级机构直接确定。

保险资金投资优先股，应当建立内部信用评估机制，制定授信制度和信用评估方法，明确可以投资优先股的内部信用等级。保险资金投资的优先股，应当符合内部信用评估要求。

中国保险资产管理业协会可以制定相关规则，对存在下列因素的优先股，进行行业内部信用评估：非强制分红、非累积分红、发行方有普通股转换权、投资方无回售权。

（3）对投资比例的要求。保险资金投资的优先股，应当按照发行方对优先股权益融资工具或债务融资工具的分类，分别确认为权益类资产或固定收益类资产，纳入权益类或固定收益类资产投资比例进行管理。

保险资金投资且已经纳入固定收益类资产计算投资比例的优先股，发行方将其调整为权益融资工具，或者累计 3 个会计年度或连续 2 个会计年度未按照规定支付股息的，应当在发行方相关决议发布之日起 20 个工作日内，调整纳入权益类资产，统一计算投资比例。

保险资金投资的优先股，应当按照相关会计准则及监管规定进行估值，在市场交易不活跃且其公允价值无法可靠计量的情况下，可以按照投资成本估值。

（4）投资风险评估。保险资金投资的优先股，其资产认可比例由中国银保监会根据相关规定，结合市场风险状况确定，必要时可以进行评估调整。

保险资金投资具有普通股转换权的优先股，应当充分关注转股触发条件及转股价格。对于转股条件及转股价格明显不合理的优先股，保险机构应当充分评估其投资风险。

保险资金投资优先股，应当结合保险产品特性，认真评估当前条件下优先股的流动性问题，切实防范流动性风险；应当充分评估发行方盈利能力、信用状况和风险处置能力，关注重点条款，切实防范信用风险；应当建立、完善并严格执行操作程序，防范道德风险。涉及关联交易的，保险机构应当按照相关监管规定进行信息披露。

保险资金投资优先股，应当在投资后 5 个工作日内，通过保险资产管理监管信息系统向中国银保监会报送相关信息。

（二）竞价交易制度

1. 竞价交易标的

只有公开发行的优先股才能够在上交所和深交所上市。发行人普通股和优先股应在同一交易所上市交易。优先股的上市必须符合一定的规则，上交所与深交所的上市规则基本一致，略有差别。

第一，上交所对优先股的上市要求高于深交所。上交所要求上市的优先股实际募集金额不少于 2.5 亿元，深交所规定不少于 0.5 亿元。

第二，申请上市的文件基本一致，深交所多了上市公告书，财务顾问报

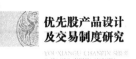

告，验资报告，资产、负债转移手续完成情况及其证明文件。

第三，上交所明确规定了优先股发行人需要公开披露的文件，深交所没有做详细规定。

第四，优先股上市费用都按普通股上市费用标准的80%收取。

上交所和深交所优先股上市规则如表6-1所示。

表6-1　上交所和深交所优先股上市规则

	上交所	深交所
上市条件	①优先股经中国证监会核准已公开发行； ②本次优先股发行后实际募集资金总额不少于2.5亿元； ③上交所要求的其他条件	①优先股经中国证监会核准已公开发行； ②本次优先股发行后实际募集资金总额不少于5 000万元； ③申请优先股上市时仍符合法定的优先股发行条件； ④深交所要求的其他条件
申请上市文件	①上市申请书； ②核准优先股公开发行的文件； ③有关本次发行上市事宜的董事会和股东大会决议； ④优先股登记存管证明文件； ⑤上市公告书； ⑥保荐协议和上市保荐书； ⑦法律意见书； ⑧上交所要求的其他文件	①上市申请书； ②上市公告书； ③核准优先股发行的文件； ④公司章程； ⑤承销保荐协议、上市保荐书、保荐代表人声明和承诺书； ⑥财务顾问报告； ⑦验资报告； ⑧资产、负债转移手续完成情况及其证明文件； ⑨法律意见书； ⑩优先股登记证明文件； ⑪董事、监事和高级管理人员持股情况变动的报告； ⑫发行对象、上市公司等在本次优先股发行中所有承诺及其履行情况的承诺公告； ⑬深交所要求的其他文件

表6-1(续)

	上交所	深交所
上市信息披露	发行人应当于其优先股上市前5个交易日内,在指定媒体或上交所网站上披露下列文件: ①上市公告书; ②公司章程; ③上市保荐书; ④法律意见书; ⑤上交所要求的其他文件	无明确规定
终止上市规则	同一优先股连续20个交易日收盘市值均低于5000万元	优先股的风险警示、暂停、恢复、终止、重新上市以及退市整理期等相关事项,参照深交所上市规则、创业板上市规则有关规定执行
上市费用	按照普通股上市初费、年费的80%收取	按照普通股上市费用的80%收取

2. 竞价交易规则

我国优先股的交易仅限于上市公司公开发行的优先股,因此只有上交所和深交所能进行优先股的公开竞价交易。上交所和深交所优先股的交易规则大体相同,略有差异。价格变动单位都是0.01元,申报数量都要求为100股的整数倍,且不能超过100万股。涨幅限制上,上交所的涨跌幅限制为10%。深交所规定涨跌幅为10%,如果被风险警示的涨跌幅为5%。两个交易所对异常交易认定是一致的,都为连续3个交易日内收盘价格涨跌幅累计达到±20%的,或者单一交易日换手率达到20%的情况。

我国优先股竞价交易规则如表6-2所示。

表6-2　我国优先股竞价交易规则

项目	上交所	深交所
交易时间	与普通股相同	
价格变动单位	0.01元	

表6-2(续)

项目	上交所	深交所
申报数量	100股的整数倍，单笔买卖申报数量不得超过100万股	
涨跌幅限制	10%	10%，被风险警示的5%
竞价方式	—	参考深交所交易规则相关规定
异常波动	①连续3个交易日内收盘价格涨跌幅累计达到±20%的； ②单一交易日换手率达到20%的； ③上交所、深交所或中国证监会认定属于异常波动的其他情形	
停复牌	上市公司普通股停牌或复牌的，其优先股相应停牌或复牌，但上市公司因普通股股权分布连续20个交易日不具备上市条件而停牌或复牌的除外	同一发行人发行的普通股停复牌的，优先股同步停复牌，深交所另有要求的除外
交易信息披露	优先股的交易信息独立于普通股以及风险警示普通股的交易信息，予以分别显示。会员应当对优先股的交易信息予以独立显示	

（三）大宗交易制度

1. 上交所大宗交易规则

上交所规定优先股单笔买卖申报交易金额不低于200万元的，可以采用大宗交易方式。

（1）申报时间。上交所的大宗交易申报方式有四类：意向申报、成交申报、固定价格申报、上交所认可的其他大宗交易申报。每个交易日接受大宗交易申报的时间分别为：9:30至11:30，13:00至15:30接受意向申报；9:30至11:30，13:00至15:30，16:00至17:00接受成交申报；15:00至15:30接受固定价格申报。

（2）申报方式。意向申报指令应当包括证券账号、证券代码、买卖方向等。意向申报应当真实有效。申报方价格不明确的，视为至少愿以规定的最低价格买入或最高价格卖出；数量不明确的，视为至少愿以大宗交易单笔买卖最低申报数量成交。当意向申报被会员接受（包括其他会员报出比意向申报更优的价格）时，申报方应当至少与一个接受意向申报的会员进行成交申报。

买卖双方就大宗交易达成一致后，应当委托会员通过交易业务单元向交易系统提出成交申报。申报指令应当包括以下内容：证券代码、证券账号、买卖方向、成交价格、成交数量、上交所规定的其他内容。成交申报的证券代码、成交价格和成交数量必须一致。优先股成交申报价格由买方和卖方在当日价格涨跌幅限制范围内确定。

提出固定价格申报的，买卖双方可以按当日竞价交易市场收盘价格或当日全天成交量加权平均价格进行申报。固定价格申报指令应当包括证券账号、证券代码、买卖方向、交易类型、交易数量等。在接受固定价格申报期间内，固定价格申报可以撤销。申报时间结束后，上交所根据时间优先的原则对固定价格申报进行匹配成交，未成交部分自动撤销。

（3）成交与清收。每个交易日 9∶30 至 15∶30 确认的成交，于当日进行清算交收。每个交易日 16∶00 至 17∶00 确认的成交，于次一交易日进行清算交收。大宗交易的成交申报、成交结果一经确认，不得撤销或变更。买卖双方必须承认交易结果、履行清算交收义务。

2. 深交所大宗交易规则

深交所优先股进行大宗交易的，单笔申报数量不低于 5 000 股，或者交易金额不低于 50 万元。优先股大宗交易采用协议交易方式。

（1）交易时间。深交所优先股协议大宗交易的申报时间和成交确认时间为每个交易日 9∶15 至 11∶30，13∶00 至 15∶30。优先股和债券大宗交易的成交确认时间一致，而权益类证券协议大宗交易的成交确认时间为 15∶00 至 15∶30。

（2）申报方式。优先股协议交易申报方式包括意向申报、成交申报、定价申报、其他申报。

协议大宗交易意向申报指令应当包括证券账户号码、证券代码、买卖方向和本方交易单元代码等内容。意向申报不承担成交义务，意向申报指令可以撤销。

协议大宗交易成交申报指令应当包括证券账户号码、证券代码、买卖方向、价格、数量、对手方交易单元代码、约定号等内容。成交申报要求明确指定价格和数量。成交申报可以撤销，但在对手方提交匹配的申报后不得撤销。深交所对约定号、证券代码、买卖方向、价格、数量等各项要素均匹配的成交申报进行成交确认。

协议大宗交易定价申报指令应当包括证券账户号码、证券代码、买卖方向、价格、数量和本方交易单元代码等内容。市场所有参与者可以提交成交申报，按指定的价格与定价申报全部或部分成交，深交所按时间优先顺序进行成交确认。定价申报的未成交部分可以撤销。定价申报每笔成交的数量或交易金额，应当满足协议大宗交易最低限额的要求。

（3）信息披露。在交易时间内，深交所网站即时公布优先股协议大宗交易的报价信息和成交信息。其中，报价信息的内容包括证券代码、证券简称、申报类型、买卖方向、数量、价格等；成交信息的内容包括证券代码、证券简称、开盘价、当日最高价、当日最低价、总成交数量、总成交金额、总成交笔数等。

深交所在每个交易日结束后通过交易所网站公布优先股协议大宗交易信息，内容包括证券代码、证券简称、成交量、成交价格以及买卖双方所在会员证券营业部或交易单元名称。

（四）协议转让制度

1. 协议转让标的

优先股协议转让的标的为非公开发行的优先股，包括上市公司发行的优先股和非上市公众公司非公开发行的优先股。上市公司优先股的协议转让只能在交易所内进行，非上市公众公司优先股的协议转让一般在"新三板"挂牌，特定情况下经过交易所批准，也可以在交易所挂牌转让。

2. 交易所协议转让规则

（1）协议转让标的。上交所规定，上市公司非公开发行的优先股以及非上市公众公司首次公开发行普通股同时非公开发行的优先股，可以申请在上交所转让。深交所规定，为非公开发行的优先股提供转让服务。

（2）转让申报时间。上交所转让申报的时间为每个交易日的 9：15 至 9：25，9：30 至 11：30，13：00 至 15：00。深交所转让申报时间为每个交易日的 9：15 至 11：30 以及 13：00 至 15：30。

（3）申报方式。上交所优先股转让申报方式包括意向申报和成交申报。意向申报是指合格投资者在转让申报时间内，可以通过其委托的上交所会员进行转让意向的发布和洽谈，转让意向申报应包括转让品种代码、证券账号、转让方向以及上交所规定的其他内容。意向申报可以包括转让价格和数量。成交申报是指转让双方就品种、价格和数量达成一致后，由其委托的上交所会员分别进行转让（受让）申报。转让（受让）申报应包括转让品种代码、证券账号、转让价格、转让数量、转让方向以及上交所规定的其他内容。转让（受让）申报中，转让品种代码、转让价格和转让数量必须一致。

深交所优先股转让的申报方式和优先股大宗交易申报方式一致，包括意向申报、成交申报和定价申报。

（4）投资者适当性管理。上交所和深交所关于优先股转让的投资者适当性管理措施基本一致。

上交所规定，优先股转让实行投资者适当性管理制度。符合《优先股试点管理办法》规定的合格投资者，可以参与优先股转让。会员应当切实履行投资者适当性管理职责，通过现场问询、核对资料、签订确认书等方式，审查参与优先股转让的投资者是否为符合规定的合格投资者，并留存有关资料。同次核准发行且条款相同的优先股在上交所转让后，其投资者不得超过 200 人。上交所按照时间先后顺序对优先股转让申报进行确认，对导致优先股投资者超过 200 人的转让申报不予确认。

深交所规定，优先股转让环节的投资者适当性标准应当与发行环节保持一致；非公开发行的相同条款优先股经转让后，投资者不得超过 200 人。深交所按照申报时间先后顺序对优先股转让进行确认，对导致优先股持有账户数超过 200 户的转让不予确认。深交所会员应当履行投资者适当性管理职责，

通过现场问询、核对资料、签订确认书等方式审查参与优先股转让的投资者是否为符合规定的合格投资者，并保存相关资料。

3. "新三板"协议转让规则

（1）"新三板"优先股挂牌规则。优先股在"新三板"的挂牌要服从以下规则：第一，优先股的挂牌，应由在全国股转系统从事推荐业务的主办券商推荐。第二，经中国证监会核准发行优先股的非上市公众公司、注册在境内的境外上市公司，其优先股在全国股转系统进行转让的，应当在验资完成后的10个转让日内，向全国股转公司办理优先股挂牌手续。第三，优先股的终止、重新挂牌事宜，按照"新三板"业务规则关于终止、重新挂牌的有关规定执行。

（2）协议转让申报和成交确认。

①申报的价格、数量和时间。全国股转系统优先股申报价格最小变动单位为0.01元。买卖优先股的申报数量应当为1 000股或其整数倍；卖出优先股时，余额不足1 000股的部分，应当一次性申报卖出。全国股转系统接受优先股转让申报的时间为每个转让日的9：15至11：30，13：00至15：00。每个转让日的9：30至11：30、13：00至15：00为优先股转让的成交确认时间。

②申报方式。在全国股转系统转让的优先股可以采取以下申报方式：

第一，定价申报。投资者可以委托主办券商按其指定的价格买卖不超过其指定数量的优先股，定价申报应包括证券账户号码、证券代码、交易单元代码、证券营业部识别码、买卖方向、申报数量、申报价格等内容。

第二，成交确认申报。转让双方就品种、价格、数量达成成交协议，或者投资者拟与定价申报成交，可以委托主办券商以指定价格和数量与指定对手方确认成交。成交确认申报应包括证券账户号码、证券代码、交易单元代码、证券营业部识别码、买卖方向、申报数量、申报价格、成交约定号等内容。转让双方达成成交协议、均拟委托主办券商通过成交确认申报成交的，还应注明对手方交易单元代码和对手方证券账户号码。

③成交确认。全国股转系统收到拟与定价申报成交的成交确认申报后，如系统中无对应的定价申报，该成交确认申报以撤单处理。每个转让日的

9：30 至 11：30 以及 13：00 至 15：00 为优先股转让的成交确认时间。全国股转系统按照申报时间先后顺序，将成交确认申报和与该成交确认申报证券代码、申报价格相同，买卖方向相反及成交约定号一致的定价申报进行确认成交。

成交确认申报与定价申报可以部分成交。成交确认申报数量小于定价申报的，以成交确认申报的数量为成交数量。定价申报未成交部分当日继续有效。成交确认申报数量大于定价申报的，以定价申报的数量为成交数量。成交确认申报未成交部分以撤单处理。全国股转系统收到拟与定价申报成交的成交确认申报后，如系统中无对应的定价申报，该成交确认申报以撤单处理。全国股转系统对证券代码、申报价格和申报数量相同，买卖方向相反，指定对手方交易单元、证券账户号码相符及成交约定号一致的成交确认申报进行确认成交。

优先股开盘价为当日该优先股的第一笔成交价。优先股收盘价为当日该优先股所有转让的成交量加权平均价；当日无成交的，以前收盘价为当日收盘价。优先股挂牌首日，以发行价为前收盘价。投资者买入的优先股，在交收前不得卖出。

（3）转让信息披露。全国股转系统向主办券商实时发送申报及成交信息，主办券商应当向其符合投资者适当性要求的投资者即时提供该信息。全国股转公司每个转让日收市后公布当日每笔成交信息，内容包括证券代码、证券简称、成交价格、成交数量、买卖双方主办券商证券营业部或交易单元的名称等。主办券商应对优先股的转让信息予以独立显示。

（4）投资者适当性管理。主办券商应当切实履行投资者适当性管理职责，通过现场问询、核对资料、签订确认书等方式，审查参与优先股转让的投资者是否为符合规定的合格投资者，并留存有关资料。主办券商应当向首次参与优先股转让的投资者全面介绍优先股的产品特征和相关制度规则，充分揭示投资风险，并要求其签署优先股投资风险揭示书。

优先股转让环节的投资者适当性标准应当与发行环节保持一致。相同条款的优先股经转让后，投资者不得超过 200 人。全国股转系统按照申报时间先后顺序对转让申报进行确认，对导致投资者超过 200 人的转让不予确认。

（5）转让费用。发行优先股并在全国股转系统进行转让的，应缴纳优先股挂牌初费、优先股挂牌年费和优先股转让经手费。发行人应按照每次发行的优先股股本缴纳优先股挂牌初费。发行人应按照上一年度年末的优先股股本缴纳挂牌年费。挂牌当年的挂牌年费，按照该次发行的优先股股本和实际挂牌月份（自挂牌日的次月起计算）予以折算，与挂牌初费一并缴纳。

投资者应按优先股转让成交金额缴纳优先股转让经手费。试点期间，优先股挂牌初费、优先股挂牌年费和优先股转让经手费的收费标准按照全国股转系统普通股相应收费标准收取。

中国优先股转让规则如表 6-3 所示。

表 6-3　中国优先股转让规则

	上交所	深交所	全国股转系统
服务范围	上市公司非公开发行的优先股以及非上市公众公司首次公开发行普通股同时非公开发行的优先股	非公开发行的优先股	挂牌公司、申请挂牌公司、符合中国证监会规定的其他非上市公众公司、注册在境内的境外上市公司非公开发行的优先股
转让申报时间	9:15 至 9:25 9:30 至 11:30 13:00 至 15:00	参照大宗交易申报时间	9:15 至 11:30 13:00 至 15:00
成交确认时间	—	9:15 至 11:30 13:00 至 15:30	9:30 至 11:30 13:00 至 15:00
申报确认	按照时间先后顺序对优先股转让申报进行确认，对导致优先股投资者超过 200 人的转让申报不予确认。		
转让对象	合格投资者		
申报数量	—	单笔申报数量不低于5 000 股，或者交易金额不低于 50 万元	1 000 股或其整数倍
价格变动单位	0.01 元		

二、我国优先股二级市场交易情况

由于我国还未公开发行过优先股，因此我国优先股上市的数量为零。截至 2016 年 6 月底，优先股的挂牌数量为 29 只，27 只优先股与其普通股的上市或挂牌场所一直。其中，在上交所挂牌的有 19 只，在深交所挂牌的有 3 只，在香港联合交易所挂牌的有 5 只，在全国中小企业股转系统挂牌的有 2 只。

（一）成交数量和成交金额

截至 2016 年 6 月底，由于全国中小企业股转系统还未完成优先股转让的技术测试工作，因此在"新三板"非公开发行的优先股从优先股的转让成交情况看，有成交记录的优先股都集中在上交所，深交所还没有成交记录。

2014 年，我国优先股的成交金额为 42 667.62 万元，成交数量为 425.4 万股，成交均价为 100.3 元。2015 年，我国优先股成交金额为 482 370.82 万元，成交数量为 4 659.85 万股，成交金额和成交数量都大幅度上升，成交均价为 103.52 元。2016 年上半年，我国优先股成交金额为 112 965.35 万元，成交数量为 1 095.55 万股，成交均价 103.11 元（见表 6-4）。

表 6-4　2014—2016 年我国优先股的成交量和成交额

时间	成交金额/万元	成交数量/万股	成交均价/元
2014 年	42 667.62	425.4	100.3
2015 年	482 370.82	4 659.85	103.52
2016 年上半年	112 965.35	1 095.55	103.11

优先股产品设计
及交易制度研究
YOU XIANGU CHANPIN SHEJI
JI JIAOYI ZHIDU YANJIU

（二）成交品种和价格走势

1. 个股成交均价和成交总量

上交所挂牌的 19 只优先股中，只有 5 只有成交，分别是兴业优 1、农行优 1、农行优 2、康美优 1 和华夏优 1。第一次成交发生在 2014 年 12 月 26 日，兴业优 1 以 100.3 元的价格转让了 25.4 万股，转让金额为 2 547.62 万元。5 只优先股共成交 6 180.8 万股，成交金额合计 638 003.8 万元，成交均价为 103.22 元。5 只优先股中，康美优 1 最活跃，成交了 2 430 万股，占到发行总股本（3 000 万股）的 81%。其成交金额为 254 018.4 万元，成交均价为 104.53 元，比 100 元的发行价上涨了 4.53%（见表 6-5）。

表 6-5　我国优先股成交情况

	成交金额/万元	成交数量/万股	成交均价/元
兴业优 1	87 096.4	850.8	102.37
农行优 1	125 135	1 200	104.28
农行优 2	101 460	1 000	101.46
康美优 1	254 018.4	2 430	104.53
华夏优 1	70 294	700	100.42
合计	638 003.8	6 180.8	103.22

从优先股的成交情况来看，成交并不是很活跃，共成交了 80 笔。这一方面是由于优先股发行数量太少，市场还未形成；另一方面是由于优先股的发行体制存在问题，所有的发行都是非公开方式进行的，非公开发行对投资者人数形成了刚性制约，即不能超过 200 人。

2. 康美优 1 的成交价格走势分析

康美优 1 是优先股中成交活跃品种，康美优 1 的价格随着时间的推移逐渐呈上升趋势，从 101.1 元逐渐攀升到最高 108.26 元，上涨了 7.16 元，成交价格上涨幅度为 7.08%（见图 6-1）。成交价格上涨的因素有以下两个：

一是股息的累积。康美优 1 的股息发放为 1 年 1 次，在起息日之后，距离

168

股息发放日期越近，股票价格中含有的股息会累积得越多。康美优1在2014年12月30日上市，2015年股息发放的股权登记日是2016年5月30日，股息发放日是2016年5月31日，每股实际发放现金股息人民币7.50元（含税）。因此，在2016年5月30日之前成交的康美优1都含有了2015年的股息。

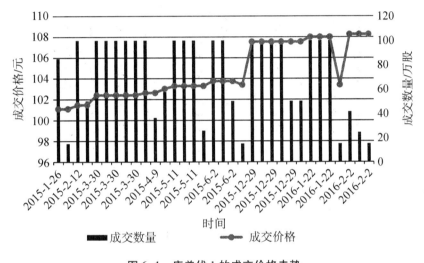

图6-1　康美优1的成交价格走势

二是市场利率的下降。优先股属于固定收益类证券，市场利率的下降会推高优先股的价格。从2015年以来，我国市场利率一直呈现下降的趋势。我国5年期国债的到期收益率从2015年年初的3.4%左右下降到2016年年初的2.6%左右。市场利率的下降也是康美优1价格上涨的重要原因。

3. 农行优1的成交价格走势分析

农行优1的成交日期分别在2015年5月15日、2015年6月2日和2015年6月29日，一共成交了12笔，每笔成交的数量都是100万股。2015年5月15日成交5笔，共500万股，成交价格为103.4元。2015年6月2日成交2笔，共200万股，成交价格最高，为105.2元。2015年6月29日成交5笔，共500万股，成交价格为104.79元（见图6-2）。

从农行优1的成交价格来看，从2015年5月15日的成交价格103.4元是

票面价格 100 元加上 2015 年 1~5 月的股息 2.5 元以及 0.9 元的溢价，这部分溢价是市场利率下降导致的价格上涨。2015 年 6 月 2 日成交价格上涨到 105.2 元，除去股息 2.5 元，产生了 2.7 元的溢价。2015 年 6 月 29 日成交价下跌，为 104.79 元，除去股息 3 元，溢价 1.79 元，溢价水平降低。

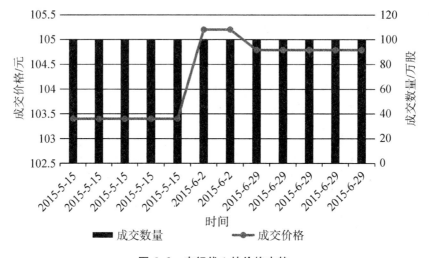

图 6-2　农行优 1 的价格走势

4. 兴业优 1 的价格走势分析

兴业优 1 分别于 2014 年 12 月 26 日和 2015 年 9 月 28 日产生了成交量，是我国优先股试点以来第一只成交的优先股。2014 年 12 月 26 日，兴业优 1 的成交价格为 100.3 元，成交数量为 425.4 万股，其于 2014 年 12 月 19 日上市，股息率为 6%。因此，超出票面价格的 0.3 元是发行以来的股息，成交价格中并没有多少溢价。2015 年 9 月 28，兴业优 1 成交价格为 104.44 元，其中包含了 2015 年 1~9 月的股息 4.44 元。因此，成交价格中也没有产生溢价（见图 6-3）。

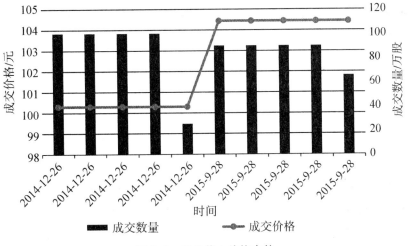

图 6-3　兴业优 1 价格走势

三、优先股的估值方法

（一）优先股的一般估值：现金流贴现

优先股的估值原理与债券的估值原理类似，采用未来现金流贴现的方式。对于最标准的固定股息率的传统优先股，其价值为股息的贴现率，类同于永续年金的估值计算方法。优先股市场价格的计算公式如下：

$$P = \sum_{t=1}^{\infty} \frac{D}{(1 + R)^t}$$

其中，P 为优先股市场价格，D 为固定支付的股息，R 为利率。

如果一股优先股每季度分得股息 2 元，而利率是每年 6%。对于一个准备买这种优先股的人来说，他愿意出多少钱来购买此优先股呢？

$$P = \frac{2}{1.5\%} = 133.33（元）$$

假定上述优先股的股息是每年 2 元，而利率是年利 6%，该优先股市场价格计算如下：

$$P = \frac{2}{6\%} = 33.33(元)$$

（二）可累积优先股或不可累积优先股估值

可累积优先股是指以前未按时发放的股息可以累积到下一个股息发放周期发放。不可累积优先股是指当期股息不累积到下一期发放。对可累积优先股或不可累积优先股的估值需要将未发放的股息累积后进行现金流的贴现。那么，不可累积优先股的估值公式可调整为

$$P = \sum_{t=1}^{\infty} \frac{AD}{(1+R)^t} + \frac{F}{(1+R)^n}$$

其中，P 为优先股市场价格，D 为当期累积支付的股息，R 为利率，F 为优先股被偿付或转买时所得，A 是虚拟变量（当董事会决定支付优先股股息时，$A=1$；当董事会决定不支付优先股股息时，$A=0$）。

可累积优先股的估值公式为

$$P = \sum_{t=1}^{\infty} \frac{A(m+1)D}{(1+R)^t} + \frac{F}{(1+R)^n}$$

其他变量含义和上一个估值公式一致，m 代表的是所累积的优先股股息期数。当董事会决定支付优先股股息时，$A=1$，累积的优先股股息期数加上当期应支付的股息为 $(m+1)D$，之后再采用现金流贴现的方式进行估值。

（三）可赎回优先股或可回售优先股估值

1. 可赎回优先股估值

可赎回优先股是一种含有赎回条款的优先股，该条款允许发行者在一定的条件下，按事先约定的时间、约定的价格从持有者手中买回优先股。对于

优先股的发行者来说，这实质上是一种优先股价格的看涨期权，即赋予发行者在优先股的价格上涨（市场利率下降）时能够以某固定价格（赎回价格）购买该优先股的权利。显然，可赎回优先股是一种保护发行者的融资工具，有利于发行者规避利率下降时的风险。

一般期权定价方法采用二叉树模型。二叉树模型假设优先股股价的变化服从二项分布，即在每个小的时间间隔内，优先股价格或者按比例 u 上升，或者按比例 d 下降，u 和 d 的大小及相应概率经过仔细选择后，可以使优先股价格的变化在风险中性的情况下具有合适的均值和标准差。从二叉树的末端开始倒推可计算出衍生证券的价值。二叉树模型实质上是 Black-Scholes 模型的离散形式。

在二叉树模型的建立之前需要进行一系列的假设：

（1）证券市场上没有套利机会，并且处于风险中性世界里。

（2）证券市场无交易成本及税收。

（3）投资者和发行人都是理性的。

（4）对于标的优先股来说，其价格服从随机游走过程并且在一定的时间内服从二项分布。

假设优先股当前的价格为 B，首先将优先股当前时间与优先股到期时间 t 的整个时间段平均分为 n 个时间间隔 Δt。假设优先股价格服从二项分布，对于时间间隔 Δt，优先股的价格都会以一定的概率 p 向上运动一定的幅度 u，这样优先股的价格为 B_u。优先股价格也可能以一定的概率 $1-p$ 向下运动一定的幅度 d，此时优先股的价格为 B_d，其中 $u>1$，$d<1$。在 $2\Delta t$ 内，同样的方法，优先股的价格分别可能为 Bu^2，Bd^2，B_{ud} 三种情况。以此类推，在时间区间 $i\Delta t$ 内，优先股价格有 $i+1$ 种，优先股价格 $B_{i,j}=B_{ui}d^{n-j}$，其中 $i=0,1,2,n-1$；$j=0,1,2,i$。整个推导过程就形成了一个完整的优先股价格二叉树图（见图 6-4）。

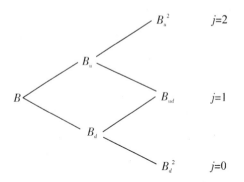

图 6-4　可赎回优先股期权二叉树定价模型

在时间间隔 $i\Delta t$ 内，假设二叉树的第 j 个节点的期权的价格为 $V_{i,j}$。在到期时刻 t，期权价格在优先股发行时已定。在时刻 $n\Delta t$ 标的优先股的价格 $B_{n,j}$ 也已经是确定的。假设期权为欧式看涨期权，X 为期权的执行价格，则

$$V_{n,j} = \max\ (B_{n,j}-X,\ 0)$$

其中，X 为期权的执行价格。相反，假设期权为欧式看跌期权，则

$$V_{n,j} = \max(X-B_{n,j},0)$$

由时刻 T 的期权价格向后依次递推就可以得到 $i\Delta t$ 各个节点的期权价格。根据风险中性假设，$i\Delta t$ 时刻每个节点上的期权价值都可以由 $(i+1)\Delta t$ 期权价值的期望值用无风险利率贴现求得，则相应期权的价格计算公式为

$$V_{i,j} = e^{-r\Delta t}\ [pV_{i+1,j+1} + (1-p)\ V_{i+1,j}]$$

上式中的 $i\in[0,\ n-1]$，$j\in[0,\ i]$。以此公式向后倒推所有的节点，就可以得到初始时刻的期权价值 V_0。若为美式期权，对二叉树的每个节点，需要比较期权提前执行与持有直到下一期哪个更有利。此时期权的价格计算公式为

$$V_{i,j} = \max\ \{Bu^j d^{i-j}-X,\ e^{-r\Delta t}\ [pV_{i+1,j+1} + (1-p)\ V_{i+1,j}]\ \}$$

上式中的 $i\in[0,\ n-1]$，$j\in[0,\ i]$。

以上公式中的 p，u，d 可以分别通过普遍使用的公式确定，在风险性环境下，$P = e^{r\Delta t}-d/u-d$，$u = e^{\sigma\Delta t}$，$d = e^{-\sigma\Delta t}$，其中 σ 为优先股价格的波动率，r 为无风险利率。

我国现有的可赎回优先股大多数是以固定利率发行的，赎回权主要为欧式期权。在我国，几乎所有可赎回优先股只设一次选择赎回优先股的权利，期限一般是 5 年，赎回价格是优先股面值加上决议支付但未支付的优先股股息。

对于优先股定价研究的步长选定为 $\Delta t = 0.5$，或者 $\Delta t = 0.25$，即 5 年期的优先股，需 10 步或 20 步就完成计算。经验表明，超过 30 步以上时，就可以获得比较精确的结果。选取 $\Delta t = 1/12$ 年（月），则 5 年的优先股可以达到 60 步。

关于无风险利率 r 的选取，根据我国可赎回优先股的特点，一般只允许发行人在第 5 个付息日拥有执行看涨期权、提前赎回优先股的权利，并且如果发行人不执行看涨期权允许投资人继续持有可赎回优先股的话，则需要使后 5 年的票面股息率比前 5 年的票面股息率提高若干基点，如中国电建和中国交建股息率的跳息设计。5 年期的优先股可以采用对应期限的定期银行存款利率或 5 年期的国债到期收益率，并利用公式 $r = ln（1+R）$ 将其转化为连续年复利率（式中 R 为存款利率或国债利率），以作为无风险利率。

关于优先股价格波动率 σ 的计算，一般情况下，价格波动率被视为若干交易日的优先股收益率的标准差。以一定时间内的优先股价格为基础，设 $n+1$ 为观察次数，B_i 为第 i 个时间间隔末的优先股的价格，则优先股的收益率 $u_i = B_i - B_{i-1} / B_{i-1}$。记 u 为 u_i 的均值，那么 u_i 的标准差即为该段时间内优先股价格的日波动率 σ。

2. 可回售优先股估值

可回售优先股是一种含有回售条款的优先股，该条款允许优先股持有人，即优先股股东在一定的条件下，按事先约定的时间、约定的价格将优先股卖回给发行人。对于优先股的持有者来说，这实质上是一种优先股价格的看跌期权，即赋予持有者在预期优先股的价格下跌（市场利率上涨）时可以以某种固定价格（回售价格）卖出该优先股的权利。显然，可回售优先股是一种保护投资者的工具，利于投资者规避利率上行时的风险。

可回售优先股的估值和可赎回优先股基本类似，不过一个是看跌期权，一个是看涨期权。

（四）可转换优先股估值

可转换优先股是指优先股可以按照一定的价格转换为普通股。可转换优先股其实是优先股的设计中嵌入了一个普通股的看涨期权。如果优先股的转换价格高于普通股股价，那么优先股的持有人不会选择转换为普通股；如果优先股的转换价格低于普通股股价，这时就是有利可图的，优先股的持有人会选择将优先股转换为普通股，并在二级市场上卖出获利。可转换优先股的估值也可以采用期权的二叉树模型定价。

（五）我国挂牌优先股估值

1. 挂牌优先股现金流预测

截至 2016 年年底，我国国内挂牌的优先股共 22 只，按照前文所述的估值方法，我们可以对这 22 只优先股进行估值。

这 22 只优先股中，有 15 只商业银行优先股。商业银行优先股在触发条件发生时，可以转换为普通股。但是根据目前的情况，3～5 年内发行优先股的商业银行核心一级资本很难下降到 5.125% 的触发条件。因此，商业银行优先股无需考虑可转换情况。商业银行优先股都是不可累积的，但是根据商业银行的经营情况，商业银行中，优先股股息保障倍数最低的平安银行也达到了 17 倍，最高的工商银行达到了 130 倍，出现暂停发放优先股股息的概率很低。

根据商业银行优先股的赎回条款，在优先股发行 5 年内不允许赎回，5 年后发行人有赎回选择权。根据目前的利率环境，财政部 2016 年 8 月 10 日发行的 5 年期付息国债利率是 2.65%。在低利率的市场环境下，假定所有商业银行都会在赎回日到期时选择赎回优先股。

其他优先股，如中国建筑、中国交建、中国电建等也假定赎回到期日选择赎回优先股。同时，我们假定当前上市公司交易所发行的 22 只优先股不会出现股息暂停发放的情况。

中原高速的优先股股息比较特殊，其采用的是可参与分配形式。优先股股东在获得 5.8% 的固定股息以及普通股股东获取剩余利润的 15% 之后，优先股股东和普通股股东一起分享剩余利润的 50%。根据 2015 年年报，中原高速归属于母公司所有的净利润为 11.45 亿元，假定 2016—2020 年该利润水平保持不变。那么其每年每股优先股的股息分配为固定股息 5.8 元+参与分配的股息 4.28 元=10.08 元。

上交所和深交所 22 只挂牌优先股 2016—2021 年现金流如表 6-6 所示。

表 6-6　上交所和深交所 22 只挂牌优先股 2016—2021 年现金流　单位：元

代码	名称	2016 年	2017 年	2018 年	2019 年	2020 年	2021 年
360001.SH	农行优 1	6	6	6	105.45	0	0
360002.SH	中行优 1	6	6	6	105.64	0	0
360003.SH	浦发优 1	6	6	6	105.81	0	0
360005.SH	兴业优 1	6	6	6	105.98	0	0
360006.SH	康美优 1	7.5	7.5	7.5	107.48	0	0
360007.SH	中建优 1	5.8	5.8	5.8	5.8	101.26	0
360008.SH	浦发优 2	5.5	5.5	5.5	5.5	101.28	0
360009.SH	农行优 2	5.5	5.5	5.5	5.5	101.3	0
360010.SH	中行优 2	5.5	5.5	5.5	5.5	101.36	0
360012.SH	兴业优 2	5.4	5.4	5.4	5.4	102.93	0
360013.SH	光大优 1	5.3	5.3	5.3	5.3	102.93	0
360014.SH	中原优 1	10.08	10.08	10.08	10.08	106.13	0
360015.SH	中交优 1	5.1	5.1	5.1	5.1	103.7	0
360016.SH	电建优 1	5	5	5	5	104.1	0

表6-6（续）

代码	名称	2016 年	2017 年	2018 年	2019 年	2020 年	2021 年
360017.SH	中交优 2	4.7	4.7	4.7	4.7	103.99	0
140001.SZ	宁行优 1	4.6	4.6	4.6	4.6	104.34	0
360011.SH	工行优 1	4.5	4.5	4.5	4.5	104.27	0
360018.SH	北银优 1	4.45	4.5	4.5	4.5	4.5	100.05
360019.SH	南银优 1	4.44	4.58	4.58	4.58	4.58	100.14
140002.SZ	平银优 1	3.35	4.37	4.37	4.37	4.37	101.02
140003.SZ	晨鸣优 1	3.18	4.36	4.36	4.36	4.36	101.18
360020.SH	华夏优 1	2.92	4.2	4.2	4.2	4.2	101.28

2. 挂牌优先股估值

根据现金流贴现的计算规则，我们需要选择同期市场利率。2016 年 8 月 10 日，财政部发行 2016 年记账式附息国债（2015 年记账式附息国债续发），期限为 5 年期，利率为 2.6%。优先股的赎回期限一般为 5 年。因此，我们将 5 年期国债利率 2.6% 作为同期的市场利率。根据优先股现金流和同期市场利率，上交所和深交所 22 只挂牌优先股 2016—2021 年现金流贴现值如表 6-7 所示。

表 6-7　上交所和深交所 22 只挂牌优先股 2016—2021 年现金流贴现值

单位：元

代码	名称	2016 年	2017 年	2018 年	2019 年	2020 年	2021 年
360001.SH	农行优 1	5.85	5.69	5.55	94.98	0	0
360002.SH	中行优 1	5.85	5.69	5.55	95.15	0	0
360003.SH	浦发优 1	5.85	5.69	5.55	95.30	0	0
360005.SH	兴业优 1	5.85	5.69	5.55	95.45	0	0
360006.SH	康美优 1	7.31	7.12	6.93	96.80	0	0
360007.SH	中建优 1	5.65	5.50	5.36	5.22	88.85	0
360008.SH	浦发优 2	5.36	5.22	5.08	4.95	88.86	0

表6-7(续)

代码	名称	2016 年	2017 年	2018 年	2019 年	2020 年	2021 年
360009.SH	农行优 2	5.36	5.22	5.08	4.95	88.88	0
360010.SH	中行优 2	5.36	5.22	5.08	4.95	88.93	0
360012.SH	兴业优 2	5.26	5.12	4.99	4.86	90.31	0
360013.SH	光大优 1	5.16	5.03	4.90	4.77	90.31	0
360014.SH	中原优 1	9.82	9.57	9.32	9.08	93.12	0
360015.SH	中交优 1	4.97	4.84	4.72	4.59	90.99	0
360016.SH	电建优 1	4.87	4.75	4.62	4.50	91.34	0
360017.SH	中交优 2	4.58	4.46	4.35	4.23	91.24	0
140001.SZ	宁行优 1	4.48	4.37	4.25	4.14	91.55	0
360011.SH	工行优 1	4.38	4.27	4.16	4.05	91.49	0
360018.SH	北银优 1	4.34	4.27	4.16	4.05	3.95	85.52
360019.SH	南银优 1	4.33	4.35	4.23	4.13	4.02	85.60
140002.SZ	平银优 1	3.26	4.15	4.04	3.94	3.83	86.35
140003.SZ	晨鸣优 1	3.10	4.14	4.03	3.93	3.83	86.49
360020.SH	华夏优 1	2.84	3.99	3.88	3.78	3.69	86.57

　　我们将每年的现金流贴现值相加即可得到优先股估值结果（见图6-5）。中原优 1 的估值最高，为 130.9 元，其次是康美优 1（118.2 元）、兴业优 1（112.5 元）。首只优先股农行优 1 估值为 112.1 元。从交易结果来看，2016 年 6 月 20 日康美优 1 的成交价格为 103.57 元，103.57 元的估值按照票面金额 100 元加上当期股息计算，并没有根据现金流贴现计算，因此存在较大差异。但是，这也可以解释为优先股的流动性不足造成的折价抵消了市场利率下行形成的溢价。

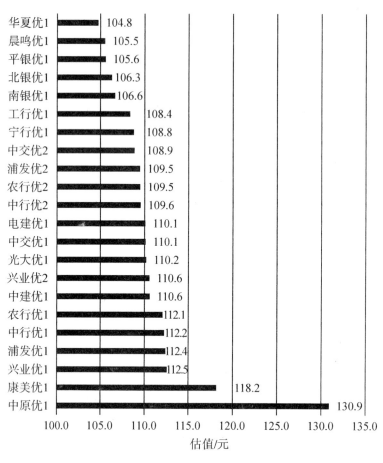

图 6-5　优先股估值结果

四、优先股的交易策略

被动投资的优先股 ETF 投资策略比较简单，只需要根据优先股指数的成份股和相应的比例进行资产配置，之后流出一部分现金，通常保持不超过 5% 的应付赎回申请即可。主动管理型的优先股投资产品需要对优先股进行择股和择时，构建投资组合。

（一）持有策略

持有策略是优先股投资的最简单也是最有效的策略，即在一级市场认购或在二级市场购买优先股之后一直持有，其目的是获取优先股的股息。持有策略的前提是优先股价格稳定、股息支付有保障，并且优先股股息率较高，即持有优先股获取股息的方式是有利可图的。

持有策略其实是一种择股策略，即选择股息支付最有保障的优先股。股息支付能力可以用优先股股息保障倍数来衡量。

持有策略下优先股的估值方法非常简单，即优先股面额加上按天计算的未支付的股息即可。例如，优先股股息率为 3.65%，每股优先股按照一年 365 天计算每天股息为 0.01 元；距离上一次股息支付为 180 天。那么每股优先股的估值为优先股面额（100 元）+未支付股息天数（180 天）×每日股息（0.01 元）= 101.8 元。

（二）价差策略

价差策略是指在二级市场通过低买高卖优先股获取利润的策略。价差策略其实是优先股投资的择时策略。投资者选择优先股价格较低的时候买入，选择优先股价格较高的时候卖出。那么优先股的价格如何衡量呢？

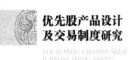

优先股的市场价格受到多重因素的影响，如普通股价格、上市公司经营状况、优先股市场的整体状况等。但是，优先股作为固定收益类证券，与债券有相似之处，其影响市场价格的主要因素还是市场利率。因此，在买卖优先股时，投资者必须重点考虑市场利率的因素，采用现值贴现模型（CVM）进行估值，在价格合理的时候买入。因此，优先股产品投资的交易策略是在预期利率即将下行时买入优先股，这时市场利率较高，优先股估值较低；在市场利率即将上行时卖出优先股，这时市场利率较低，优先股估值较高。

交易策略下优先股的估值要用现值贴现模型（CVM）来衡量，即采用未来现金流贴现的方式来测算优先股的价格。

优先股的估值原理与债券类似，采用未来现金流贴现的方式。对于最标准的固定股息率的传统优先股，其价值为股息的贴现率，类同于永续年金的估值计算方法。优先股市场价格的计算公式如下：

$$P = \sum_{t=1}^{\infty} \frac{D}{(1+R)^t} + \frac{F}{(1+R)^n}$$

其中，P 为优先股市场价格，D 为固定支付的股息，R 为利率，F 为优先股被赎回时的价格，可以设定为优先股的票面价格。优先股的价格受到利率的影响非常大。利率上升，优先股的价格将会下跌；利率下降，优先股的价格将会上升。因此，在采用交易策略时，很重要的一点就是对无风险利率进行预测。无风险利率主要的参考指标是国债利率，中长期国债利率受国家整体经济环境的影响较大，衡量指标可以选取经济增长率、采购经理指数（PMI 指数）、通货膨胀率以及参考国家的财政政策和货币政策。短期国债利率受资金面的影响更大，需要关注央行的公开市场操作措施。

（三）转换策略

转换策略是专门针对可转换优先股而言的，可转换优先股能够在转换期限到来之后按照预先设定的转换价格转换为普通股。如果转换价格高于普通股，那么投资者会放弃优先股的转换权。如果转换价格低于普通股，那么投资者会选择将优先股转换为普通股，之后在二级市场上出售获取价差收益。可转换优先股是在优先股的基础上加入了"期权"的设计，即赋予优先股股东在目标公司业绩达到特定目标的情况下，保留以特定转换比例将优先股转为普通股的选择权。优先股是否可转换取决于发行之初的有关规定和条款。这种股票对投资者有较强的吸引力，因为当公司经营状况良好、分红较多时，投资者可以行使转换权，将优先股转换成普通股，获取普通股股东的利益；当公司经营状况不佳时，投资者可以不行使转换权，转而享受优先股股东的固定股息。目前，我国没有发行可转换为普通股的优先股。优先股在可转换条件下需要用期权模型（OPM）进行估值。

（四）杠杆策略

为了放大优先股的投资收益率，投资者可以适当使用杠杆。2014 年 11 月 28 日，上交所决定将在沪市交易或转让的优先股（包括公开发行优先股、非公开发行优先股）纳入股票质押式回购交易的标的证券范围。这就使得投资人可以通过优先股质押融资的方式获取资金放大收益。优先股投资产品的管理人可以将持有的优先股进行质押式回购交易获取较低成本的资金，之后利用这些资金购入较高收益的优先股，获取两者之间的利差。

投资者使用杠杆上限会受到 3 个因素的制约：标准券使用率、券商的杠杆倍数上限和折算率。例如，在交易所市场，券商通常只允许使用 90% 的标准券，最多做 4~5 倍杠杆。沪市正回购融入资金必须是 10 万元的整数倍，并且券商有 90% 标准券使用率限制，实际上至少要有 1 100 张标准券，才能借到 10 万元。如果折算率为 0.9，即 1 000 股优先股可以换到 900 张标准券。折算率 0.7、0.8、0.9、1 分别对应需要 1 572 股、1 375 股、1 223 股、1 100 股优先股。如果 100 万元资金全买折算率为 0.7 的优先股，最高只能加到 1.5 倍杠杆；而买折算率为 1 的优先股可以加到 4.4 倍杠杆。因此，优先股的折算率越高可以加的杠杆越高，资金的利用率和灵活度都越高。

假如，某投资者以 100 万元资金买入 110 元/股的优先股，优先股股息率

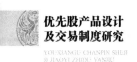

为 5%，正回购年化成本为 3%。假设优先股股价不涨不跌，投资者可以赚到利息差收益，1.5~4.4 倍杠杆的股息加上息差的年化收益率是 8%~13.8%。如果优先股价格上涨，投资者还可以赚到价差，如果股价上涨 2%，做 4.4 倍杠杆的"净价差+利息收益"综合年化收益可以达到 24.6%（见表 6-8）。但是，杠杆套利策略的有效实施首先要保障不出现流动性风险和结算风险，其次应尽可能地降低融资成本。

表 6-8　杠杆倍数与投资收益

项目	折算率			
	0.7	0.8	0.9	1
融入资金/万元	150	230	390	440
初始杠杆倍数/倍	1.5	2.3	3.9	4.4
收益（股息+息差）	8（8%）	9.6（9.6%）	12.8（12.8%）	13.8（13.8%）
收益（股价上涨 2%）	5（13%）	6.6（16.2%）	9.8（22.6%）	10.8（24.6%）
收益（股价上涨 5%）	12.5（20.5%）	16.5（26.1%）	24.5（37.3%）	27（40.8%）
收益（股价上涨 10%）	25（33%）	33（42.6%）	49（61.8%）	54（67.8%）

收益总是与风险相对应的，加高杠杆可以在优先股股价上涨时获得超额收益，同样也会在优先股股价下跌时带来巨亏。表 6-9 反映了不同杠杆倍数在不同跌幅下的亏损情况（以 100 万元本金计算，1 倍指 200% 仓位）。

表 6-9　杠杆倍数与亏损额

初始杠杆倍数/倍	1	2	3	4	5
初始市值/万元	200	300	400	500	600
亏损额/万元 杠杆率/%（股价下跌 5%）	-10 1.11	-15 2.35	-20 3.75	-25 5.33	-30 7.14
亏损额/万元 杠杆率/%（股价下跌 10%）	-20 1.25	-30 2.86	-40 5	-50 8	-60 12.5
亏损额/万元 杠杆率/%（股价下跌 15%）	-30 1.43	-45 3.64	-60 7.5	-75 16	-90 50
亏损额/万元 杠杆率/%（股价下跌 20%）	-40 1.67	-60 5	-80 15	-100 爆仓	-120 爆仓

当杠杆为 4 倍时，优先股股价下跌 20%，全部本金亏损爆仓。虽然优先股股价的涨跌幅度相对普通股要小，但是在一些极端情况下会出现大幅度的下跌。例如，在 2008 年全球金融危机期间，美国优先股股价和普通股股价一样出现了大幅下跌。因此，杠杆策略要慎用，并严格控制杠杆倍数。

五、我国优先股交易中存在的问题

当前我国优先股交易中还存在一些问题，主要体现在以下几个方面：

（一）交易市场还不完善

我国优先股场内市场即，交易所市场已经初步建成，但是还没有优先股在场内市场竞价交易，只存在协议转让的成交。这和优先股发行品种有密切的关系。交易所市场竞价交易的优先股标的非常明确，即上市公司公开发行的优先股。由于试点阶段公开发行优先股条件的严格，我国暂时还没有公开发行优先股的案例。因此，交易所竞价交易市场其实并不存在。

交易所协议转让市场有了一定程度的发展，但是还达不到完善的程度。目前，上市公司非公开发行的优先股可以在交易所挂牌转让。挂牌优先股数量总共只有 22 只，成交过的品种只有 5 只。非公开发行优先股的投资者适当性管理措施使得交易对手较少，成交不活跃。因此，协议转让市场还需要进一步发展和完善。场外市场目前仅有"新三板"市场。"新三板"市场优先股已经有了成功发行的案例，如中视优 1。但"新三板"优先股协议转让的技术准备工作较为滞后，直到 2016 年 8 月 7 日才完成通关测试。"新三板"优先股交易的技术准备中，只有协议转让制度，没有做市商制度。"新三板"普通股交易的做市商制度推广到优先股还需要一个过程。因此，"新三板"优

先股市场尚处于发展的初始阶段。

总体看来，交易品种不足、交易对手较少、技术准备工作推进缓慢都是造成优先股市场发展滞后的重要原因。

（二）流动性严重不足

流动性不足是我国优先股交易中非常重要的问题。在交易所挂牌的优先股交易非常不活跃。从 2014 年 11 月 28 日农行优 1 在上交所挂牌以来，截至 2016 年 6 月 30 日，上交所优先股协议转让 80 笔，成交数量较少。在 80 笔成交中，多笔成交的交易对手一致，只是由于每笔成交达到协议转让的上限100 万股，因此才有多笔成交。如果将统一价格成交的交易笔数合并，实际成交只有 20 笔左右。

（三）价格形成机制不成熟

优先股的价格形成机制和普通股有较大差异。优先股属于固定收益类证券，定价可以参考债券的估值方法，利用未来现金流贴现的方式来进行估值。当然，优先股的估值和定价还受到其附加权利的影响，如累积优先股、可赎回优先股以及可转换优先股等。优先股的价格还受到普通股价格的影响，这源于发行人的信用。如果普通股股价大幅下跌，会引发投资者对优先股信用的忧虑，有可能造成优先股的价格波动。优先股更会受到市场利率环境的影响，优先股价格一般和市场利率呈反向波动。

但是，目前我国优先股的价格形成机制并不成熟，从成交价格来看，优先股的价格基本上是由票面价格加上当年应发放的股息来决定的，优先股价格形成的其他因素特别是利率下行的因素并未得到充分体现，整体定价偏低。这也可以理解为流动性不足造成的折价。因此，未来优先股的价格形成机制还要在交易中不断形成和完善。

六、我国优先股交易制度的优化和完善

（一）构建多层次的优先股交易系统

优先股的交易市场应该是有不同层次区分的，不同类型的优先股需要在不同层次的交易市场中交易或转让。我国多层次优先股交易系统应包含四个层次：交易所市场、"新三板"市场、区域股权交易中心市场和券商柜台市场。目前，我国交易所市场正在形成，"新三板"市场还处于初始阶段，区域股权交易中心市场和券商柜台市场还处于规划阶段。只有构建了多层次的优先股交易市场，才能区分不同种类的优先股品种和不同风险偏好的投资人，为优先股的交易对手方双方创造交易条件，降低交易成本。

1. 交易所市场

交易所市场是优先股交易的核心场所，交易所上市公司发行的优先股理所当然地在交易所市场交易或转让。交易所市场优先股交易有三种方式：一是上市公司公开发行优先股的竞价交易，二是上市公司公开发行优先股的大宗交易，三是上市公司非公开发行优先股的协议转让交易。未来，交易所市场还可以引入做市商制度，用于上市公司非公开发行优先股的做市交易。

交易所市场优先股交易的特点是品种齐全、信用级别高、标准化程度高、投资者众多。因此，交易所市场进行优先股交易的成交量和成交金额应该处于整个优先股交易系统的最高水平。

2. "新三板"市场

"新三板"市场是优先股市场的重要板块，也是最有发展前景的板块。"新三板"市场优先股有其自身的特点，即如果优先股股东和普通股股东人数未达到200人，可以备案发行，无需经过中国证监会核准。因此，"新三板"挂牌公司会逐渐认识到优先股这种混合资本工具的有用性。特别是如果未来可转换优先股监管措施放松，"新三板"挂牌公司可以发行可转换优先股，那

么优先股股债结合的优势将会充分显现，大量的"新三板"挂牌公司将会选择以优先股作为融资工具，整个"新三板"市场优先股的存量将大幅增加。

当前，"新三板"市场优先股采用的是协议转让制度，没有引入做市商制度。但是，随着"新三板"市场优先股存量的增加以及交易量的上升，"新三板"市场优先股交易应采用做市商制度和协议转让制度相结合。做市商制度能够增加优先股的流动性，发挥市场定价功能。对于信用评级较高的优先股以及"新三板"创新层挂牌公司发行的优先股，完全可以采用做市交易的方式。资质较差的"新三板"挂牌公司发行的优先股，继续沿用协议转让制度。

3. 区域股权交易中心市场

区域股权交易中心是为一般的股份制公司提供优先股发行和交易的场所。《中华人民共和国公司法》没有明确规定股份有限公司可以发行优先股，只是规定"国务院可以对公司发行本法规定以外的其他种类的股份，另行作出规定"。因此，根据《国务院关于开展优先股试点的指导意见》和《优先股试点管理办法》的规定，我国能够发行优先股的有上市公司和非上市公众公司，还未上市或"新三板"挂牌的股份有限公司，暂时不能发行优先股。

未来普通的股份有限公司能够发行优先股以后，其优先股的发行和转让应在所在区域的股权交易中心进行。由于普通股份有限公司的资质无法得到确认和保障，投资者也没有门槛的限制，其发行的优先股应采用协议转让的方式进行。

4. 券商柜台市场

券商柜台市场是以上三类优先股交易市场的补充，券商柜台市场适合非标准化的优先股交易。例如，国内注册的海外上市公司发行的优先股、优先股衍生产品、优先股资产管理产品的交易等。

（二）分类别实施差异化的交易制度

不同种类的优先股适用的交易规则是不一样的。上市公司公开发行的优先股由于发行量大、投资者众多，适合在交易所场内进行竞价交易。如果交易双方成交额度较大，可以选择交易所内大宗交易的方式。上市公司非公开发行的优先股发行量大、单笔成交规模大，但是交易者人数受到限制，对手方难寻。因此，上市公司非公开发行的优先股可以采用做市商制度或协议转让制度。"新三板"挂牌公司数量多，但质量良莠不齐。因此，"新三板"创新层公司发行的优先股可以采用做市交易制度；基础层公司发行的优先股风险较大，适合采用协议转让的方式。国内注册的海外上市公司或国外注册但主要业务在国内的公司发行的优先股，需要符合海外市场优先股交易规则，专业性更强，可以选择"新三板"市场挂牌转让或券商柜台市场进行交易。

1. 上市公司公开发行优先股交易制度

（1）适用于竞价交易和大宗交易。上市公司公开发行的优先股应采用竞价交易制度，如果达到大宗交易的标准，可以采用大宗交易规则，这是非常明确的。上市公司公开发行优先股由于不受投资者人数的限制，交易应比较活跃、流动性最好，因此会享有一定的流动性溢价。

（2）引入 T+0 交易规则。在未来，上市公司公开发行优先股交易的特点是实行 T+0 的交易制度。优先股是一种混合证券，包含了股票和债券的双重特征。优先股的股性更强还是债性更强要根据优先股的设计条款具体判断。如果采用股息不可累积、非强制性派息、可以转换为普通股等条款设计，优先股的股性就更强。例如，商业银行发行的优先股，由于要将优先股计入一级资本，要求优先股的股性更强，因此采取了股息不可累积、非强制性派息以及触发条件下可转换等条款。从当前的监管政策来看，我国上市公司公开发行优先股的债性很强，几乎可以和债券画上等号。其原因如下：根据《优先股试点管理办法》的规定，公开发行的优先股有几个必要的设计条款：一是采用固定股息率，二是有利润必须强制派息，三是股息可累积，四是不参与剩余利润分配。这四项设计条款决定了公开发行的优先股债性强、股性弱的特点，因此应参照交易所债券的交易规则进行交易。交易所债券是可以进行 T+0 回转交易的，因此公开发行的优先股也应允许实施 T+0 当日回转交易。

（3）引入信用交易制度。公开发行的优先股应参照普通股引入融资融券制度，增强优先股的流动性，并防止优先股价格的大幅波动。在满足投资者

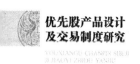

适当性管理的条件下，优先股可以融资买入，也可以融券卖出。

2. 上市公司非公开发行优先股交易制度

上市公司非公开发行优先股交易应以做市交易为主，协议转让为辅。

上市公司非公开发行的优先股实行的是协议转让制度。协议转让制度没有第三方，两个交易对手在交易所的协议转让平台达成成交意向后即可完成交易。我国上市公司都采用非公开方式发行优先股，非公开发行优先股的数量和金额较为庞大，但是交易对手却比较难寻。例如，农行优 1 发行金额为 400 亿元，即使达到 200 人的优先股股东上限，每位股东平均持股金额为 2 亿元。这也意味着农行优 1 的单次转让金额都会非常庞大，这为交易对手的搜寻带来了难度。因此，上市公司非公开发行的优先股可以引入做市商制度。

上市公司非公开发行优先股应该实行做市商制度和协议转让制度相结合的交易制度。单只发行金额在 20 亿元以上的优先股应采用做市制度。该只优先股的保荐券商以及其他重要的承销商即为该只优先股的做市商，在承销过程中可以采用余额包销制度，留下部分优先股作为做市库存的优先股。这样对优先股的保荐和承销券商也是一种督促与约束，其对自己保荐和承销的优先股履行做市义务，自然会预防道德风险的发生。发行金额在 20 亿元以下的优先股可以在做市交易和协议转让中选择。如果其保荐券商和承销券商都不愿意承担该只优先股的做市义务，那么就采用协议转让的方式。

3. 非上市公众公司优先股交易制度

非上市公众公司优先股交易应和普通股的交易方式保持一致。普通股采用做市交易的，优先股也应采用做市交易；普通股采用协议转让的，优先股也应采用协议转让。但是，国家应鼓励"新三板"创新层挂牌公司优先股采用做市交易。

非上市公众公司有两种优先股交易的途径：一是在交易所进行协议转让。上交所规定，上市公司非公开发行的优先股以及非上市公众公司首次公开发行普通股同时非公开发行的优先股，可以申请在上交所转让。深交所规定，深交所非公开发行的优先股提供转让服务。二是在"新三板"进行协议转让。一般而言，"新三板"挂牌公司发行的优先股会在"新三板"进行协议转让，不会选择到交易所进行转让，否则一家公司的普通股和优先股会出现在不同市场转让的情况。

非上市公众公司应引入做市商制度，但是应有所区别。处于"新三板"创新层的挂牌公司大约 950 家，这些公司要么盈利能力较强，即连续两年盈利，且平均净利润不低于 2 000 万元；要么营业收入两年连续增长，复合增长率高于 50%；要么市值不低于 6 亿元，做市商家数不少于 6 家。因此，"新三板"创新层挂牌公司的资质相对优良，其发行的优先股可以采用做市交易的方法。普通股已经采用做市交易的挂牌公司，其发行的优先股原则上也应采用做市交易的办法。普通股的做市商应成为其优先股的做市商。处于"新三板"基础层的挂牌公司，其实力较弱。因此，这些公司发行的优先股还应采用协议转让的方式。

4. 国内注册的海外上市公司优先股交易制度

国内注册的海外上市公司优先股应在券商柜台市场或"新三板"市场进行协议转让。

国内注册的海外上市公司是指注册地在国内，但是在境外国家和地区上市的公司。这些企业的优先股需要服从上市地点以及交易所的发行和交易规则，一般也在上市的交易所交易或转让优先股。同时，这类优先股也可以在国内进行转让。例如，美国对上市或挂牌的证券场外交易监管比较宽松，只要交易双方达成交易意向，签署转让协议，就可以进行交易。我国香港发行的优先股一般不在香港联交所上市交易。优先股持有人和交易对手只要达成转让协议，即可自由转让。

因此，国内注册的海外上市公司优先股交易可以在国内证券公司柜台市场进行协议转让，证券公司可以发挥其专业优势，在客户中寻找交易对手方，拟定转让协议，促进交易的达成。

如果国内注册的海外上市公司在"新三板"发行优先股，其优先股可以在"新三板"挂牌转让。

（三）优先股做市商制度设计构想

1. 引入做市商制度的作用

我国公开发行优先股采用了竞价交易制度，或者大宗交易制度。我国非公开发行的优先股采用的是协议转让制度。我国优先股暂未实施做市商制度，实施做市商制度对于优先股市场的发展是非常有益的。

（1）提高优先股流动性。流动性是市场有效运行和稳定发展的基础要素。优先股试点阶段，优先股市场存量规模、发行规模和投资人都有限，因此优先股的流动性和普通股以及债券的流动性相比存在较大的差距。如果优先股引入做市商制度，优先股做市商负有对做市券进行连续双边报价的义务，而且市场的价格竞争使做市商有意愿缩窄双边报价的差距，使得大部分报价在市场可接受的范围之内，有利于提升优先股市场的流动性。

（2）完善价格发现机制。当前，我国优先股市场的价格形成机制并不完善，优先股的定价有其复杂性，不同的优先股设计条款对于优先股的定价有较大的影响。例如，不可累积优先股的定价应低于可累积优先股，可转换优先股的定价应低于不可转换优先股等。在不同的市场环境下、不同的设计条款下对优先股进行定价，应由专业机构来完成。当前，优先股的定价比较简单，一般是在优先股票面价格的基础之上加上尚未支付的优先股股息，在股息率高于市场利率的条件下，优先股的价格会有一部分溢价。但总体而言，优先股的定价机制并不成熟。如果优先股引入做市商制度，优先股的定价由富有经验的证券公司来制定，就能发挥价格发现功能，对不同类型的优先股进行相对准确的定价。

（3）解决发行人和投资人信息不对称问题。信息不对称情况在我国股票市场较为突出，在"新三板"市场上尤其突出。做市商负担着双向报价的义务，为了对自己的报价负责（也是对投资者负责），做市商必须让自己的报价尽可能接近公允价格，否则就会失去在交易中的有利地位。如果报价不准确，做市盈利会减少甚至会亏损，这在一定程度上降低了市场的信息不对称，防止内幕交易的发生。同样，如果一只优先股能获得有市场信誉的做市商为其做市的话，就会给市场传递这样一个信号——这只优先股资质良好。这无疑会提高企业的信誉，也将增强投资者对该只优先股及其发行公司的信心。

2. 交易所做市商制度设计

优先股的场内做市是指优先股在上交所和深交所进行的做市转让。我国交易所做市制度已有先例。2007 年 7 月，上交所成立固定收益证券综合电子平台，并在该平台引入做市商机制，将市场参与者分为一级交易商、普通交易商以及间接参与人。其中，一级交易商需要对在这一电子平台挂牌交易的各关键期限类型的至少一只基准国债进行做市。首批取得一级交易商资格的包括中金公司、国泰君安证券、中信证券、长江证券、广发证券、申银万国证券、国信证券、中银国际证券、招商证券、银河证券、光大证券、中国人寿资产管理公司、中国人保资产管理公司。

（1）优先股交易所做市平台。优先股交易所做市平台应包括上交所的固定收益证券综合电子平台和深交所的综合协议交易平台。

《上海证券交易所固定收益证券综合电子平台交易试行办法》规定，一级交易商可以自主对平台上挂牌交易的其他固定收益证券进行做市，并在做市前 3 个交易日向上交所报备，由上交所向市场公告。目前，进行做市交易的固定收益证券并不包含优先股。但是，优先股作为固定收益证券的一种，为了促进市场的发展，上交所应允许其在固定收益综合证券电子平台进行做市交易。

深交所的综合协议交易平台提供多元化的交易模式，支持主交易商制度。通过有实力的主交易商的双向报价，该平台可以向投资者提供更强流动性。深交所首批在综合协议交易平台挂牌交易的产品为国债、企业债券、公司债券、分离交易可转换公司债券以及专项资产管理计划。深交所综合协议交易平台有能力提供优先股做市服务。

（2）优先股做市标的。交易所优先股做市的对象包括我国上市公司非公开发行的优先股以及符合做市要求的在上交所和深交所内挂牌转让的非上市公众公司优先股。

非上市公众公司在交易所挂牌的优先股如果通过了中国证监会的核准，

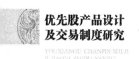

应批准其为做市标的优先股。如果非上市公众公司普通股和优先股股东人数不足 200 人,其发行优先股经过的是全国股转系统的备案流程,那么做市商需要对优先股发行人进行尽职调查,并设立一定的做市标准。满足做市标准的,才能成为做市标的。

优先股在做市交易和协议转让之间只能选择一种交易方式,选择做市交易就不能选择协议转让,选择协议转让就不能选择做市交易。

(3)优先股做市商管理。优先股的保荐券商和主承销商应成为该优先股的做市商,每只在交易所挂牌的优先股可以有 2 家以上做市商。除优先股的主承销商可以做市外,交易所固定收益平台的一级交易商可以授予优先股做市资质。

未来优先股做市商的队伍还可以根据优先股市场的扩大进一步增加。但需要满足做市商的基本资质,包括以下条件:第一,证券公司应具有证券自营业务资格,且净资本不低于 8 亿元;第二,证券公司应设有负责固定收益证券业务的部门,配备合格的专业人员,具备做市能力;第三,证券公司应具备安全可靠的技术系统,建立完善的业务管理制度,具有完善的内部控制制度和风险防范体系;第四,证券公司在最近两年内未出现重大违法违规情况;第五,证券公司应具有较强的固定收益证券市场研究能力。

(4)做市规则设计。

①做市申报时间、单位和数量。交易所优先股做市转让时间应和优先股协议转让时间保持一致。上交所做市转让申报时间为每个交易日的 9∶15 至 9∶25,9∶30 至 11∶30,13∶00 至 15∶00。深交所做市转让申报时间为每个交易日的 9∶15 至 11∶30,13∶00 至 15∶30。

优先股做市商在交易所平台交易期间,应当对选定做市的优先股进行连续双边报价,每个交易日双边报价中断时间累计不得超过 60 分钟。其他交易商就优先股向做市商提出询价的,该做市商应在接到询价后 20 分钟内进行报价。做市商对优先股的双边报价应当是确定报价。优先股双边报价价差不大于 1%。相对买卖价差计算公式如下:

相对买卖价差=(卖出价格−买入价格)÷卖出价格×100%

申报价格变动单位为 0.01 元，申报数量单位不低于 50 000 股，或者不低于该只优先股数量的 0.5%。超出 50 000 股的按照 1 000 股的整数倍增加。最低成交限额为 50 000 股的，考虑非公开发行投资者门槛是 500 万元，而且不能超过 200 人。从当前上市公司非公开发行优先股情况看，数量都非常大，单只优先股最大金额为 400 亿元，最小金额为 20 亿元，按照 200 个投资人平均，每个投资人投资额最少要达到 1 000 万元。因此，设置 50 000 股的最低成交门槛是必要的。未来如果有小规模优先股发行，那么其单次交易数量也不能少于该只优先股数量的 0.5%。

做市商提交新的做市申报后，前次做市申报的未成交部分自动撤销。做市商前次做市申报撤销或其申报数量经成交后不足 50 000 股或该只优先股数量 0.5%的，做市商应于 5 分钟内重新报价。

②成交规则和涨跌幅限制。优先股做市交易采用报价交易方式。做市商对优先股进行双边做市申报。做市商的每笔买卖报价应采用确定报价，投资者进行单边限价申报。交易所对到价的限价申报即时与做市申报进行成交；如有 2 笔以上做市申报到价的，按照价格优先、时间优先原则成交。成交价以做市申报价格为准。

优先股做市交易实行价格涨跌幅限制，涨跌幅比例为 10%。涨跌幅价格计算公式如下：

$$涨跌幅价格 = 前一交易日参考价格 \times (1 \pm 10\%)$$

前一交易日参考价格为该日全部交易的加权平均价，该日无成交的为上一交易日的加权平均价，依次类推。

③报价责任豁免。如果出现下列情况，做市商可暂不履行报价义务：第一，所做市的优先股交易价格出现短时剧烈波动；第二，市场交易出现严重异常而难以获得做市的优先股；第三，因不可抗力或意外事件而无法正常报价。

做市商持有库存优先股不足 100 000 股或该只优先股数量 1%时，可以免于履行卖出报价义务。出现这种情形，做市商应及时向全国股份转让系统公司报告并调节库存优先股数量，并最迟于该情形发生后第 3 个转让日恢复正

常双向报价。

单个做市商持有库存优先股达到挂牌优先股总股本的 20% 时，可以免于履行买入报价义务。做市商应及时向全国股份转让系统公司报告，并最迟于这种情形发生后第 3 个转让日恢复正常双向报价。

单只优先股股东人数达到 200 人，做市商停止卖出报价，直到该只优先股股东人数少于 200 人。

（5）信息披露。交易所为做市商提供其做市优先股实时最高 10 个价位的买入限价申报价格和数量、最低 10 个价位的卖出限价申报价格和数量等信息以及为该优先股提供做市报价服务做市商的实时最优 10 笔买入与卖出做市申报价格和数量等信息。做市商为投资者提供实时做市转让行情，包括证券代码、证券简称、前收盘价、最近成交价、当日最高价、当日最低价、当日累计成交数量、当日累计成交金额、做市商实时最高 3 个价位买入申报价格和数量、做市商实时最低 3 个价位卖出申报价格和数量等。

第七章
优先股投融资风险管理

一、优先股发行面临的风险

（一）发行失败的风险

优先股发行有可能因为发行方案设计不合理、发行股息率较低、市场环境较差等原因而面临发行失败的风险。优先股发行失败将给优先股发行人融资计划造成较大的干扰，甚至带来财务危机。

（二）发行失败案例分析

本书以广汇能源优先股发行失败作为案例进行说明。广汇能源是第一只发布优先股发行预案的上市公司。但是在中国证监会核准发行之后，其优先股却终止发行，广汇能源成为第一家优先股发行失败的上市公司。

1. 发行的过程

从广汇能源优先股准备发行到终止发行流程（见表 7-1）来看，从公布预案到中国证监会核准发行，这一段流程是比较顺利的，用了 6 个月的时间。但是，从核准发行到发行实施阶段，该优先股发行未能成功。《优先股试点管理办法》规定："自中国证监会核准发行之日起，公司应在六个月内实施首次发行，剩余数量应当在二十四个月内发行完毕。"因此，广汇能源在 6 个月内未能实施发行，只能终止发行优先股事项。

表 7-1　广汇能源优先股准备发行到终止发行流程

时　间	流　程
2014 年 4 月 24 日	广汇能源公布优先股非公开发行预案
2014 年 5 月 23 日	董事会通过预案并修改公司章程
2014 年 7 月 4 日	中国证监会受理广汇能源非公开发行优先股申请
2014 年 10 月 23 日	中国证监会核准广汇能源非公开发行优先股
2015 年 5 月 26 日	广汇能源终止非公开发行优先股事项

2. 产品设计方案

广汇能源优先股发行预案产品设计要素如表 7-2 所示。广汇能源优先股的发行规模为 5 000 万股、50 亿元，针对特定对象非公开发行。股息设置为浮动股息，股息率根据公司业绩和市场利率水平进行调整。股息不可累积。优先股股东不参与普通股利润分配。该优先股在 3 年后满足条件可以赎回。

表 7-2　广汇能源优先股发行预案产品设计要素

发行规模	不超过 5 000 万股、50 亿元
发行方式	非公开发行
股息设置	根据询价结果由公司与保荐人（主承销商）按照有关规定协商确定优先股的初始股息率。发行时的初始股息率作为基准股息率，若公司净利润较上年同期增加 100% 以上，且市场利率水平呈上升趋势，上调优先股的当期股息率 50 个基点；若公司年度亏损或公司净利润低于按基准股息率计算的应付优先股年度股息总额的 50%，且市场利率水平呈下降趋势，下调优先股的当期股息率 50 个基点
是否累积	否
是否参与利润分配	否
是否可赎回	公司有权自本次优先股全部发行完成日当日期满 3 年之日起全部或部分赎回本次发行的优先股，但需要满足如下条件之一：第一，赎回完成后公司的资产负债率水平不高于 70%；第二，能够使用更为适宜的融资工具替代所赎回的优先股

3. 产品设计缺陷分析

广汇能源董事会对终止优先股发行的解释是优先股相对其他融资工具成本偏高，但是这只是发行失败的一个原因。

广汇能源在优先股发行终止后，只能选择在债券市场用短期融资券和中期票据等短期融资工具进行融资。广汇能源共发行中票 1 只，期限为 3 年，金额为 10 亿元；短期融资券 4 只，期限都为 1 年，金额为 28 亿元，5 只债券金额总计为 38 亿元（见表 7-3）。发债金额收益受到净资产规模的限制，久期也较短，偿债压力较大，综合发行成本在 6% 左右。2015 年上半年市场上发

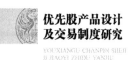

行的 4 只优先股股息率为 5.5%~5.8%，发行债券的成本也不算低。因此，广汇能源用发行债券的方式筹集长期发展资金是一个迫不得已的选择。

表 7-3   广汇能源优先股终止后发债融资情况

债券简称	债券类型	起息日	到期日	发行规模/万元	票面利率/%
15 广汇能源 MTN001	中期票据	2015-06-11	2018-06-11	100 000	6.88
15 广汇能源 CP002	短期融资券	2015-08-14	2016-08-14	80 000	4.99
15 广汇能源 PPN001	短期融资券	2015-08-21	2016-08-21	60 000	6.5
15 广汇能源 CP003	短期融资券	2015-08-26	2016-08-26	100 000	5
15 广汇能源 PPN002	短期融资券	2015-10-23	2016-10-23	40 000	5.75

分析广汇能源优先股的设计方案可以发现，其发行失败的比较重要的一个原因是设计方案的不合理，特别是股息设置的不合理。广汇能源 2012 年度和 2013 年度的加权净资产收益率分别为 12.96% 和 8.95%，平均为 11%。因此，股息率的设置不能高于 11%，上限空间是没有问题的。股息率设定为浮动股息率，发行时的初始股息率作为基准股息率，若公司净利润较上年同期增加 100% 以上，且市场利率水平呈上升趋势，上调优先股的当期股息率 50 个基点；若公司年度亏损或公司净利润低于按基准股息率计算的应付优先股年度股息总额的 50%，且市场利率水平呈下降趋势，下调优先股的当期股息率 50 个基点。这种将股息率和净利润相挂钩的设计方案在国内外实践中很少见到，而且广汇能源的业绩也给了投资者降低股息率的预期。2015 年，广汇能源归属母公司的净利润为 2.48 亿元，远低于 2014 年的 16.38 亿元，如果按 6% 的股息率计算，50 亿元优先股将支付 3 亿元的股息。广汇能源的净利润不足以支付当年的股息。因此，按照这样的趋势，广汇能源很可能调整股息率或不支付股息，投资人明显会考虑到这一点。公司的资质和所处的行业以及不恰当的产品条款设计，很难找到合适的投资人，优先股发行失败也就在所难免了。

二、优先股投资面临的风险

（一）信用风险

由于优先股具有一定的债权性质，其信用风险与债券既有相近性又有差异性，优先股的信用风险相对更高。两者主要体现在均需要面临发行企业经营不善对其股利支付的风险。两者的差异性主要表现在三个方面：一是尽管发行人可以通过回购条款收回优先股，但优先股并不涉及本金偿还问题；二是优先股灵活的条款设计使其股利支付风险更高，非累积优先股可以在维持企业有序经营的条件下暂停发放优先股股利，而债券利息拒付则意味着发行企业违约，因此债券对于企业的约束性更强；三是在企业倒闭的情况下，由于优先股清偿顺序靠后，优先股股东可能面临完全无法获得补偿的信用风险。在企业状况恶化时，优先股投资者面临的信用风险尤为凸显。

（二）市场风险

优先股的价格受到普通股价格、市场利率波动、发行人信用状况的变化以及优先股发行设计方案的影响。优先股属于固定收益类证券，其价格波动相对普通股较小。但是，在某些特殊时期，优先股也会出现较大幅度的股价波动。优先股的市场风险具有"断崖式"特征，即在常规条件下，优先股债性特征较强，尽管受市场利率波动和公司基本面变动影响，但其市场价格变动幅度较小，优先股与普通股的相关性较低。但是，在危机时期或在公司出现破产等重大风险情况下，优先股与普通股的相关性急剧提高，随着普通股股价的下跌，优先股股价也会出现大幅度下跌。

（三）流动性风险

低流动性是优先股的突出问题。相对于普通股及债券而言，优先股具有较大的流动性风险。第一，优先股的交易远没有股票交易活跃。在纽约证券交易所挂牌的 365 只优先股中，以 2013 年 10 月 13 日数据为例，可以看出其交易十分不活跃，不乏有零交易量的优先股。其中交易量最大的为花旗银行 J 系列优先股，交易量仅为 160 万股左右，仅为其普通股当日交易量的约 7%。第二，尽管优先股可在交易所挂牌交易，但其交易机制更类似于债券的银行间市场交易，需要进行供需匹配。但是，由于优先股规模较小及其资本金性质，除发行主体赎回或进行转换外，交易渠道和方式都十分有限。由于难以寻找潜在的购买者，优先股的买卖通常需要通过证券公司做市并促成交易。对此，发达国家的优先股投资者通常将 40% 的流动性作为控制优先股流动性风险的重要指标。

（四）再投资风险

优先股中赎回条款的设置使优先股投资人不得不承担较高的再投资风险。企业通常在不利的环境下发行高股息率优先股，这种高股息率极大提高了发行人负担。一旦其现金流或财务结构改善，其赎回动机较强烈，往往以较低股息率优先股替代。

不同类型的公司发行的优先股风险差异较大，这主要包括上市公司、非上市公众公司和非公众公司。一方面，上市公司和 H 股公司面临最为严格的监管要求，包括信息披露、财务及盈利要求。"新三板"挂牌企业包括公众公司和非公众公司，前者增发和优先股发行等事宜仍需要报中国证监会审核，后者仅需在股转系统报备即可。相对而言，前者面临的监管约束更为严格。另一方面，上市公司、非上市公众公司和非公众公司在盈利能力、业务稳定性、偿债能力等多个方面也存在巨大差异。特别是非公众公司，优先股灵活的合同条款设计通过改善发行人和投资人之间的信息不对称情况有效降低了投资人风险，不过投资人仍需承担非公众公司本质上的高风险特征（相对非上市公众公司和上市公司而言）。因此，在优先股合同条款一致、行业风险一致以及外部风险不变的情况下，上市公司信用风险最低，其次是股东人数超过200人的非上市公众公司，非公众公司面临的信用风险最高。

公开发行的优先股较非公开发行的优先股风险更低。一方面，公开发行的优先股可以在交易所连续竞价和交易，流动性风险更低。另一方面，公开发行的优先股标准化程度及其合同条款对投资者的保护程度较高，从而使风险更低。根据《优先股试点管理办法》的规定，上市公司公开发行优先股必须满足股息率固定、强制性分配利润、股息可累计以及非参与等条件。非公开发行优先股的合同条款具有高度灵活性。

三、优先股投资风险管理

（一）评估信用风险的指标

优先股的信用风险源于公司经营的恶化和利润的下跌。信用风险有两个层次：一是股息能否正常发放；二是如果公司破产，优先股股东能否得到赔付。股息发放的前提在于公司能够持续盈利，一般募集说明书对股息分配的表述为"在依法弥补亏损、提取公积金后有可分配利润的情况下，可以向本次优先股股东派发股息"。因此，如果公司能够稳定盈利，且盈利金额对比优先股股息较高，那么股息的发放就是有保障的。这可以用股息保障倍数来衡量。根据《国务院关于开展优先股试点的指导意见》《优先股试点管理办法》以及公司章程的规定，公司因解散、破产等原因进行清算时，公司财产在分别支付清算费用、职工工资、社会保险费用和法定补偿金，缴纳所欠税款，清偿公司债务后的剩余财产，将优先向优先股股东支付未派发的优先股当期

股息和票面金额，不足以支付的按照优先股股东持股占全部优先股的比例分
配。因此，如果优先股股东权益占公司归属母公司股东权益的比重较小，得
到清偿的可能性就较高。

1. 股息保障倍数

股息保障倍数是指每年上市公司归属母公司的净利润是优先股应发股息
的倍数。股息保障倍数越高，优先股股息的保障程度越好。《优先股试点管理
办法》规定，上市公司发行优先股，最近三个会计年度实现的年均可分配利
润应当不少于优先股一年的股息。由于上市公司每年的净利润是不一样的，
因此需要在一个较长的周期或通过净利润的变化趋势来看待股息保障倍数。
将同一上市公司发行的不同系列优先股金额合并，并按金额计算加权股息率，
用归属母公司股东的净利润除以每年应发优先股股息，得到这些上市公司优
先股股息发放的保障倍数。我国已发行优先股的股息保障倍数如表 7-4 所示。

表 7-4　我国已发行优先股的股息保障倍数

优先股发行公司	发行额/万元	股息/万元	加权股息率/%	股息保障倍数(2015 年)/倍	股息保障倍数(2014 年)/倍	股息保障倍数(2013 年)/倍
农业银行	8 000 000	460 000	5.75	39	39	36
中国银行	6 000 000	346 000	5.77	49	49	45
浦发银行	3 000 000	172 500	5.75	29	27	24
兴业银行	2 600 000	148 200	5.70	34	32	28
康美药业	300 000	22 500	7.50	12	10	8
中国建筑	1 500 000	87 000	5.80	30	26	23
光大银行	2 000 000	106 000	5.30	28	27	25
中原高速	340 000	19 720	5.80	6	5	2
中国交建	1 450 000	71 750	4.95	22	19	17
中国电建	200 000	10 000	5.00	52	48	46
宁波银行	485 000	22 310	4.60	29	25	22
工商银行	4 500 000	202 500	4.50	137	136	130
北京银行	490 000	22 050	4.50	76	71	61

表7-4(续)

优先股 发行公司	发行额 /万元	股息 /万元	加权 股息率/%	股息保障倍数 (2015年)/倍	股息保障倍数 (2014年)/倍	股息保障倍数 (2013年)/倍
南京银行	490 000	22 442	4.58	31	25	20
平安银行	2 000 000	87 400	4.37	25	23	17
晨鸣纸业	225 000	9 810	4.36	10	5	7
华夏银行	2 000 000	84 000	4.20	22	21	18

从已发行优先股的上市公司来看，2013—2015年都连续盈利，从股息保障倍数来看，工商银行连续三年优先股保障倍数在130倍以上，中国银行连续三年优先股保障倍数在45倍以上。由于这两家银行在海外发行的优先股并未纳入统计，因此实际保障倍数会有降低。但总体来看，银行优先股的股息保障倍数最高。其中股息保障倍数最低的华夏银行在2015年的股息保障倍数也在22倍以上。但是，制造业企业优先股的股息保障倍数较低，2015年康美药业和晨鸣纸业的股息保障倍数分别为12倍和10倍。交通运输业的股息保障倍数最低，中原高速的股息保障倍数为6倍，其他的如中国建筑、中国交建、中国电建的股息保障倍数都在20倍以上。因此，从股息保障倍数这个指标来看，银行类优先股无疑是较好的选择。

2. 优先股股东权益比重

由于优先股具有清算优先权，因此如果优先股股东权益占归属母公司股东权益的比重越低，即使未来公司进入破产清算，优先股股东获得全额兑付的可能性越大。从已发行优先股上市公司的情况看，优先股股东权益占归属母公司股东权益的比重（见表7-5）最低的是中国电建，2015年的比重仅为3.61%。银行类优先股中，宁波银行、平安银行和华夏银行优先股股东权益占归属母公司股东权益的比重相对较高，2015年的比重分别为10.78%、12.38%和17.00%。非银行上市公司中，优先股股东权益占归属母公司股东权益的比重最高的是中原高速，2015年的比重为28.07%。从这一指标来看，中国电建以及银行类优先股具有一定的优势。

表 7-5　优先股股东权益占归属母公司股东权益的比重　　单位:%

优先股发行公司	2015 年	2014 年	2013 年
农业银行	6.61	7.76	9.49
中国银行	7.64	8.74	10.79
浦发银行	9.52	11.53	14.68
兴业银行	8.29	10.08	13.02
康美药业	15.99	17.95	24.94
中国建筑	8.93	10.79	12.71
光大银行	8.95	11.17	13.09
中原高速	28.07	43.48	48.78
中国交建	9.85	12.39	15.18
中国电建	3.61	4.99	5.90
宁波银行	10.78	14.23	19.01
工商银行	4.44	5.18	6.23
北京银行	4.20	5.11	6.27
南京银行	9.42	15.10	18.43
平安银行	12.38	15.27	17.84
晨鸣纸业	13.34	16.17	16.03
华夏银行	17.00	19.71	23.41

（二）有效预测市场利率走势

　　优先股的价格受到公司普通股股价的影响，也受到市场利率的影响。在公司基本面没有发生大的变化的情况下，优先股的价格受到市场利率的影响更大一些。如果市场利率下降，优先股股价就会上升；如果市场利率上升，优先股股价就会下降。例如，康美优 1 在 2015 年 1 月 26 日转让了 15 万股，成交金额为 1 516.5 万元，每股价格为 101.1 元。2016 年 2 月 2 日，康美优 1 成交了 80.55 万股，成交金额 8 720.34 万元，每股价格为 108.26 元。市场利率下行是康美优 1 价格上涨的重要原因。因此，优先股市场风险管理的核心在于对无风险利率走势的判断。

（三）投资回购质押率高的优先股

公开发行的优先股流动性较好，采用竞价交易，投资者众多。非公开发行的优先股只能转让而不能竞价交易，转让对手较少，流动性就会存在问题。现有解决流动性问题的方法就是股权质押。2014 年 12 月 27 日，上交所发布了《关于优先股纳入股票质押回购交易标的证券范围相关事宜的通知》，决定"自 2014 年 11 月 28 日起，将在本所市场上市交易或者转让的优先股（包括公开发行优先股、非公开发行优先股）纳入股票质押式回购交易（以下简称"股票质押回购"）的标的证券范围"。但是，对于以非公开发行优先股作为标的证券的股票质押回购交易，上交所暂不接受违约处置申报。2015 年 11 月 23 日，上交所发布了《关于股票质押回购涉及非公开发行优先股违约处置有关事宜的通知》，决定"自 2015 年 11 月 30 日起，接受非公开发行优先股作为标的证券的股票质押回购违约处置申报。非公开发行优先股违约处置申报成功的，次一交易日及之后可卖出。处置日违约处置卖出的，应当于次一交易日 9：00—15：00 通过 PROP 系统向中国证券登记结算有限责任公司上海分公司申报冻结可卖出证券卖出信息"。至此，上交所优先股质押回购业务已经没有制度上和技术上的障碍，但是深交所并没有公布优先股质押的相关规定。因此，在上交所上市的优先股由于能够质押回购，其流动性要好于在深交所上市的优先股。

每种股票的质押率是不一样的，上交所和深交所每天都公布不同的证券转换为标准券的比例，这就能视为该种证券的最大质押比例。如果某种证券转换为标准券的比例高，说明该证券信用等级高。因此，投资者在进行优先股投资时，可以参考上交所和深交所对于不同种类优先股的质押比例，质押率越高，流动性越好，违约可能性越低。

优先股产品设计
及交易制度研究

YOUXIANGU CHANPIN SHEJI
JI JIAOYI ZHIDU YANJIU

（四）评估发行人赎回的可能性

再投资风险是由优先股的赎回条款引发的。由于优先股的发行人有赎回选择权，其可以在一定期限之后选择赎回优先股。当市场利率较大幅度低于优先股的股息率的时候，发行人就有可能选择赎回优先股，再以较低的股息率重新发行优先股或以较低的利率发行债券来补充资本。但是，发行人也必须权衡重新发行的发行费用以及在监管机构核准发行的时间范围内市场利率或股息的变化。从已经发行的优先股情况看，银行优先股的赎回期限都为5年，个别优先股的允许赎回期限只有1年（见表7-6）。赎回期限越长，再投资风险越小。

表 7-6　部分优先股的赎回价格和赎回条件

证券简称	赎回价格	赎回条件
农行优1	优先股面值加公司宣告赎回的公告日的计息年度应计股息	自发行日后期满5年之日起，经中国银保监会事先批准，本行在下列情形下可行使赎回权： （1）使用同等或更高质量的资本工具替换被赎回优先股，同时本行收入能力具备可持续性； （2）行使赎回权后资本水平仍明显高于中国银保监会规定的监管资本要求
中行优1	票面金额加当期应付股息	同农行优1
浦发优1	优先股票面金额	同农行优1
兴业优1	优先股面值加公司宣告赎回的公告日的计息年度应计股息	同农行优1
康美优1	票面金额加当期按固定股息率计算的应付优先股股息之和	可根据经营情况于优先股股息发放日全部或部分赎回注销本次发行的优先股，赎回期至本次非公开发行的优先股全部赎回之日止。赎回权具体安排由公司董事会根据股东大会的授权最终确定
中建优1	优先股票面金额加当期已决议支付但尚未支付的股息	公司有权自首个计息起始日期满5年之日起，于每年该期优先股股息支付日全部或部分赎回注销本次发行的该期优先股。公司决定执行部分赎回时，应对所有该期优先股股东进行等比例赎回

表7-6(续)

证券简称	赎回价格	赎回条件
光大优1	票面金额加当期已宣告且尚未支付的股息	同农行优1
中原优1	票面金额加累计未支付优先股股息（包括所有递延支付的股息及其孳息）	根据经营情况于优先股股息发放日全部或部分赎回注销本次发行的优先股，赎回期至本次非公开发行的优先股全部赎回之日止
中交优1	票面金额加当期已决议支付但尚未支付的优先股股息之和	公司有权自首个计息起始日起期满5年之日起，于每年该期优先股股息支付日全部或部分赎回注销本次发行的该期优先股。公司决定执行部分赎回时，应对所有该期优先股股东进行等比例赎回
电建优1	票面金额加累计未支付股息（包括所有递延支付的股息及其孳息）	公司有权自首个计息起始日起期满5年之日起，于每年的该期优先股股息支付日全部或部分赎回注销本次发行的该期优先股。公司决定执行部分赎回时，应对所有该期优先股股东进行等比例赎回
晨鸣优1	票面金额加当期已决议支付但尚未支付的优先股股息	公司有权自首个计息起始日起（分期发行的，自每期首个计息日起）期满5年之日起，于每年的该期优先股股息支付日全部或部分赎回注销本次发行的该期优先股
华夏优1	票面金额加当期已宣告且尚未支付的股息	同农行优1

（五）设置投资比例上限，合理使用杠杆

大额资金投资优先股，需要构建优先股的投资组合，设置单只优先股的投资比例上限，以避免优先股价格波动带来的风险。投资组合应具备足够的分散特征，包括每只优先股的持有比例不能超过总规模的10%以及该只优先股发行规模的10%。投资者不能集中持有某一类别的优先股，如某一行业的优先股，或者某一板块的优先股，防止出现行业风险。投资者应设立优先股股价止损线，下跌到止损线应立即卖出，无条件止损。

优先股投资可以使用杠杆，但杠杆比例必须严格控制。优先股投资杠杆比例可以参考债券的杠杆比例，一般来讲杠杆比例在1~2倍是比较合理的，也是风险可控的。

四、优先股的信用评级

对于投资的优先股，投资者要建立一套信用评价体系以应对可能出现的信用风险。投资者可以对优先股进行评级，按照评级的情况进行投资。优先股可以参考评级公司的外部评级。但是，由于评级公司的独立性存疑，存在评级失效的问题，投资者也可以进行内部的评级分类。

（一）我国优先股的信用评级情况

我国优先股在发行之前一般会委托外部评级机构进行信用评价，以便于投资者进行信用风险识别。例如，我国境内第一只优先股——2014 年中国农业银行股份有限公司非公开发行优先股，中诚信国际信用评级有限责任公司评定农行优 1 主体信用等级为 AAA，评级展望为稳定，评定农行优 1 信用等级为 AA+。

从我国已发行优先股的主体评级和项目评级（见表 7-7）来看，大型国有商业银行和股份制商业银行的主体评级都是 AAA 级，项目（优先股）评级是 AA+。城市商业银行，如北京银行、宁波银行和南京银行的主体评级是 AAA，项目（优先股）评级是 AA。其他制造业企业或建筑业企业的主体评级从 AAA 到 AA 不等，康美优 1 的项目（优先股）评级是 AA-，部分优先股没有进行项目（优先股）评级。

表 7-7 我国已发行优先股的主体评级和项目评级

证券简称	发行人	主体评级	项目（优先股）评级
宁行优 01	宁波银行	AAA	AA
平银优 01	平安银行	AAA	AA+
晨鸣优 01	晨鸣纸业	AA	未评级

表7-7(续)

证券简称	发行人	主体评级	项目(优先股)评级
农行优1	农业银行	AAA	AA+
中行优1	中国银行	AAA	AA+
浦发优1	浦发银行	AAA	AA+
兴业优1	兴业银行	AAA	AA+
康美优1	康美药业	AA+	AA-
中建优1	中国建筑	AAA	未评级
浦发优2	浦发银行	AAA	AA+
农行优2	农业银行	AAA	AA+
中行优2	中国银行	AAA	AA+
工行优1	工商银行	AAA	AA+
兴业优2	兴业银行	AAA	AA+
光大优1	光大银行	AAA	AA+
中原优1	中原高速	AA+	未评级
中交优1	中国交建	AAA	未评级
电建优1	中国电建	AAA	未评级
中交优2	中国交建	AAA	未评级
北银优1	北京银行	AAA	AA
南银优1	南京银行	AAA	AA
华夏优1	华夏银行	AAA	AA+

（二）优先股信用评级的思路和方法

优先股信用评级的思路可以分为三步：第一步是股本含量（equity content）评估，着重分析优先股发行对发行人信用状况的整体影响。第二步是违约损失（loss-given-default，LGD）评估，第三步是股息拖欠风险（omission risk）评估，根据每一步的评级结果确定总体的信用评级。

1. 股本含量评估

由于优先股具有股权类证券和债权类证券的双重特性，因此区别优先股和其他债券（包括高级或次级债券）与发行人的从属程度是决定优先股评级与高级或次级债券评级差别的主要思路。

股权认证的一个前提条件是在 5 年内递延或停发股息。非累积优先股最高具有 100% 的股权，累积优先股的股权通常不超过 50%。如果优先股股息采用递增方式（如每年递增 0.25%），当累积增幅达到或超过 1% 时将被视为有效到期日，并且将有效期限为 5 年作为判定优先股属于股权性或债权性的最低期限标准，有效到期日在 5 年以内的优先股将不具有股权性质。对于非金融类发行主体来说，根据其发行具体条款，一般分为 50% 股权和 100% 股权。股权性质将会对杠杆率产生影响，在衡量资本充足率时优先股计为 100% 股权，但在计算金融杠杆率时，累积优先股则计为 50% 债权。对于房地产投资信托公司（REIT）来说，累积优先股 50% 计入债权，若拥有延期支付股息权则可以计为 100% 股权。在杠杆率的处理中，无论是累积优先股还是非累积优先股，均作为权益计算杠杆率，这是因为优先股并非违约的关键因素，且没有到期日或规定的赎回时间。

优先股有效期限越长，股性越强；有效期限越短，债性越强。股性较强，评级相对较低；债性较强，评级可以提高。所谓的有效期，一般来说是从优先股的发行日到发行人约定的赎回日之间的期限，但评级机构也会根据赎回日之前优先股股息的调升程度缩短优先股的有限期限，因为优先股股息率提升越高，其发行人的赎回意愿就越强。例如，中国电建和中国交建设计的股息率在 5 年赎回期满之后，如不赎回则跳息 2%。因此，5 年即可视为有效到期日。一般来讲，有效期限为 5 年作为判定优先股属于股权性或债权性的最低期限标准。如果优先股股东具有回售权，优先股的债性就很强。例如，中视优 1 设置了投资者的回售权，债性就很强，投资评级应该提升。

2. 违约损失评估

在对优先股的股权认定之后，可以进行违约损失评级。从各家评级机构的优先股评级指引来看，一般情况下，对非金融企业发行的优先股评级在发行人评级或高级无担保评级的基础上下调 2~3 个小级，对银行发行的优先股评级在高级无担保评级或不考虑外部支持影响的银行评级基础上下调 2~4 个小级。对银行发行的优先股评级，各家评级机构使用的参考评级标准有所不同。例如，穆迪使用银行存款评级作为优先股评级的参考评级。其他评级机构中，日本格付（JCR）使用长期发行人评级作为优先股的参考评级，标普、惠誉和道明（DBRS）均使用不考虑外部支持影响的银行评级。不考虑外部支持影响的银行评级一般低于发行人评级或高级无担保评级，因此标普和惠誉对银行发行的优先股评级，实际上基于发行人评级下调的幅度要比非金融企业大。

优先股评级基于参考评级下调幅度的大小，主要是取决于优先股回收程度的高低。回收程度越低，下调的幅度就加大。另外，由于发行人信用等级的下降，其违约风险越大。标普明确区分发行人评级为投资级和投机级对应的优先股评级调整幅度。对于非金融企业，当主体级别为投资级时，优先股级别在主体级别的基础上下调 2 个小级；当发行人级别为投机级时，优先股级别在主体级别的基础上下调 3 个小级。对于金融机构，当发行人级别为投资级时，优先股级别在主体级别的基础上下调 2~3 个小级；当发行人级别为投机级时，优先股级别在主体级别的基础上下调 3 个或更多个小级。穆迪认为，如果高级无担保评级为 Ba2（相当于 BB）或以上，优先股的评级应低于高级无担保评级 2 个小级；如果高级无担保评级为 Ba3（相当于 BB-）或以下，优先股评级应低于高级无担保评级 3 个小级或更多。总体来说，在企业破产清算时，优先股的清偿顺序在所有债券之后、普通股之前，其回收率低于次级债券，因此一般情况下其评级应该低于次级债券评级。

主要评级机构的优先股评级指引如表 7-8 所示。

表 7-8　主要评级机构的优先股评级指引

项目	穆迪	标普	惠誉	JCR
非金融企业	-2 至 -4	-2 或 -3	-2 或以上	-2 或以上
参考评级	高级无担保评级或企业家族评级（CFR）	发行人信用评级（ICR）	发行人违约评级（IDR）	长期发行人评级
金融机构	-2 至 -4	-2 或以上	-2 或以上	-2 或以上
参考评级	高级无担保评级或银行存款评级（DR）	银行独立评级（SACP）	银行生存能力评级（VR）	长期发行人评级

3. 股息拖欠风险评估

虽然违约损失评级可以反映优先股的回收程度，但优先股却拥有其他风险。基于违约损失评级没有区分累积优先股和非累积优先股，因为评级机构认为两者在回收方面没有明显的不同，但将这两种证券被评定为同一水平，会低估两者之间的真实风险差异。

对于累积优先股，债务人可以在不触发违约（破产或重组）的情况下拖欠利息或股息的支付。对于非累积优先股，债务人应付的利息或股息可以全部减记，在支付拖欠意义上与累积优先股有明显的不同。因此，非累积优先股不偿付股息的风险被称为拖欠风险。如果发行人可能触发这种所谓的拖欠风险，那么评级机构会在回收评级调整的评级基础上再下调 1 个小级。评级机构会给定一个标准，通常是采用财务指标，如发行企业连续三年亏损，但有时也会根据企业管理情况进行判断。如果发行人已触发拖欠风险，评级机构会再下调优先股的评级。对于累积优先股，穆迪和 DBRS 分别将拖欠或累积股息的最大期限设定为 3 年和 5 年，超过的话也将下调优先股评级。

第八章
我国优先股市场的发展空间
及其对券商业务的影响

一、我国优先股市场的发展空间

从优先股市场发展的国际比较来看，我国尚处于初级阶段，发行数量和发行金额较小，我国优先股试点发行从 2014 年年末的农行优 1 开始启动，到 2016 年年底共发行了 23 只。从发行金额来看，2014—2016 年我国优先股的发行总额为 3 558.1 亿元。其中，2014 年为 1 030 亿元，2015 年为 2 007.5 亿元，截至 2016 年 5 月 31 日为 520.6 亿元。未来优先股市场的发展空间可以从融资和投资两方面来分析。

（一）优先股融资规模的发展空间

1. 优先股在直接融资中的比重

近年来，我国一直提出要提高直接融资的比重，现实中，直接融资规模一直在提升。2013—2015 年，直接融资规模从 94 485 亿元上升到 249 238 亿元。在直接融资中，债券融资为主，普通股融资占了一小部分。2013—2015 年，债券融资规模从 90 517 亿元上升到 231 772 亿元。债券融资占直接融资的比重都在 95% 左右（见表 8-1）。普通股融资（包括 IPO、定向增发和配股）规模从 3 968 亿元增长到 15 459 亿元，发展也很迅猛。优先股融资从 2014 年起步，2014 年发行总额为 1 030 亿元，2015 年发行总额为 2 007.5 亿元，开局良好。

表 8-1　2013—2016 年普通股、债券和优先股融资占直接融资的比重 单位:%

项目	2013 年	2014 年	2015 年	2016 年
普通股	4.20	5.85	6.20	3.90
债券	95.80	93.36	92.99	95.77
优先股	0	0.79	0.81	0.33

从比重来看，2013—2015 年，普通股融资占直接融资的比重从 4.2% 上升到 6.2%。债券融资占直接融资的比重从 95.8% 下降到 92.99%。优先股融资占直接融资的比重在 0.8% 左右。我们设定 2016—2020 年直接融资规模以 15% 的平均速度增长，而优先股融资占直接融资的比重保持在 1%，那么优先股的融资规模测算如表 8-2 所示。

表 8-2　2015—2020 年优先股融资规模测算　　　　　单位：亿元

项目	2015 年	2016 年	2017 年	2018 年	2019 年	2020 年
预计直接融资规模	249 238	324 009	372 610	428 502	492 777	566 694
预计优先股融资规模	2 008	3 240	3 726	4 285	4 928	5 667

2. 银行类优先股的融资规模

由于银行是发行优先股最重要的行业，因此我们有必要对银行类优先股的融资规模作出判断和测算。判断银行类优先股发行规模的重要依据是银行补充一级资本金以达到《巴塞尔协议Ⅲ》的要求。非累积永久性优先股可以作为补充银行其他一级资本的工具。因此，观察银行一级资本缺口就可以测算出优先股的融资规模。

《巴塞尔协议Ⅲ》为了提高资本吸收损失的能力，给出了新的更加审慎的定义，规定一级资本只包括普通股和永久性优先股，并要求各家银行最迟在 2017 年年底完全达到针对一级资本的严格定义。2013 年 1 月开始实行的《商业银行资本管理办法》规定，商业银行应当按照以下公式计算资本充足率：

一级资本充足率 =（一级资本-对应资本扣减项）÷风险加权资产

一般资本充足率不低于 6%。

核心一级资本充足率 =（核心一级资本-对应资本扣减项）÷风险加权资产

核心一级资本充足率不低于 5%。

在补充银行资本方面，次级债只能用来补充银行附属资本。永久性优先股作为创新型一级资本工具，可以计入一级资本，但不能计入核心一级资本。2012 年发布的《中国银监会关于商业银行资本工具创新的指导意见》规定，

一级新型资本工具包含转股条款或减记条款的，当其他一级资本工具触发事件发生时，其他一级资本工具的本金应立即按照合同约定进行减记或按照约定转为普通股，使商业银行的核心一级资本充足率恢复到触发点以上。

按照《中国银监会关于实施〈商业银行资本管理办法〉过渡期安排相关事项的通知》的规定，2013 年 1 月 1 日，商业银行应达到最低资本要求（一级资本充足率为 6%，核心一级资本充足率为 5%，总资本充足率为 8%），在 2018 年年底前达到规定的资本充足率监管要求。系统重要性银行的一级资本充足率从 7.5% 提高到 9.5%，在满足核心一级资本充足率之外的部分融资需求可以发行永久性优先股满足。

在优先股发行以前，我国上市银行资本充足率还有较大缺口。2014 年，我国 16 家上市银行的平均一级资本充足率为 9.24%。一级资本充足率不足 9.5% 的大型商业银行有农业银行，其他一级资本充足率较低的上市银行有华夏银行、民生银行、浦发银行和平安银行等。

从 2014 年 12 月农业银行首发优先股补充一级资本开始，我国已有 10 家上市银行在国内发行了优先股，补充资本金 3 156.5 亿元。工商银行、交通银行、中国银行还在海外发行了优先股补充资本金。民生银行、中信银行等也公布了优先股发行预案。到 2015 年年底，我国上市商业银行的资本监管指标已经基本达标（见表 8-3）。

表 8-3　2015—2016 年我国商业银行资本充足率指标　　　　单位:%

监管指标	2015 年第一季度	2015 年第二季度	2015 年第三季度	2015 年第四季度	2016 年第一季度
核心一级资本充足率	10.66	10.48	10.66	10.91	10.96
一级资本充足率	10.95	10.79	10.99	11.31	11.38%
资本充足率	13.13	12.95	13.15	13.45	13.37%

因此，2016 年系统重要性银行发行优先股补充资本金的需求会下降。但是，众多地区性商业银行补充资本金的需求依然存在。总体看来，2016 年我国银行类优先股的发行保持平稳。

3. 潜在的优先股发行人

潜在优先股发行人应该具备以下几个条件：

（1）盈利能力较强。盈利能力较好的蓝筹公司才具备持续分红的基础。净资产收益率（ROE）是衡量一个企业盈利能力最核心的指标。因此，我们选择 ROE 作为第一个筛选条件，筛选 ROE 在 10%以上的公司。连续盈利是发放优先股股息的基础。公开发行优先股要求上市公司连续三年盈利。因此，三年连续盈利，即 2013—2015 年度持续盈利的上市公司具有发行优先股的基础。

（2）具备持续分红的动力。即使 ROE 水平高，但是往年股息率较低或无分红的公司意味着公司可能将资本进行了再投资，如果发行优先股分红反而可能影响公司未来的成长能力。我们选用股息率作为第二个筛选条件，筛选股息率在 2.5%以上的上市公司，这样就剔除了高成长、低分红型公司。

（3）有一定的市值基础，能抵御市场波动，控制信用风险。从美国的经验来看，优先股大部分都由具备一定规模的大公司发行，这类公司的盈利往往更具备稳定的属性。因此，我们选用市值作为第三个筛选指标，选择市值在 100 亿元以上的公司。

综上所述，筛选的指标如下：

第一，连续三年盈利，两年平均的 ROE 大于 10%。

第二，股息率大于 2.5%。

第三，市值大于 100 亿元。

我们根据以上条件进行初步筛选，选出符合条件的上市公司 83 家。其中，浦发银行、工商银行、建设银行、中国银行、宁波银行、华夏银行、兴业银行、光大银行、南京银行、中国建筑、中原高速等已经发行优先股，因此我们将已经发行优先股的上市公司从名单中去除。由于证券公司近几年补充资本金的手段主要是普通股或证券公司次级债，发行优先股的动力不大，因此我们将证券公司从名单中剔除，包括长江证券、光大证券、国信证券、海通证券、西南证券、东方证券、招商证券和国泰君安等。从海外经验看，制造业企业不是发行优先股主要行业，我们再从名单中剔除制造业企业。剩余 30 家企业具有发行优先股的基础和可能性。其中，采矿业 1 家，公共事业 13 家，房地产业 5 家，交通运输业 7 家，金融业 4 家（见表 8-4）。

表 8-4　潜在的优先股发行人（2016 年 6 月 30 日）

证券简称	市值/亿元	三年平均净利润/亿元	两年平均ROE/%	股息率/%	行业
海油工程	306	34.74	19.32	3.47	采矿业
粤电力 A	248	31.09	14.63	4.46	公共事业
皖能电力	128	10.60	12.42	4.07	公共事业
建投能源	156	16.01	26.65	4.87	公共事业
中山公用	153	9.47	13.43	2.92	公共事业
宝新能源	148	9.24	17.04	2.75	公共事业
华能国际	982	116.17	17.33	6.45	公共事业
浙能电力	692	62.33	14.53	5.20	公共事业
华电国际	457	59.11	21.20	5.69	公共事业
桂冠电力	407	11.29	23.64	4.12	公共事业
川投能源	364	29.05	25.27	2.96	公共事业
国投电力	448	47.76	24.38	3.93	公共事业
长江电力	2 748	108.07	13.69	3.01	公共事业
重庆水务	309	16.26	11.30	3.75	公共事业
万科 A	2 546	163.28	19.16	4.09	房地产业
中天城投	292	17.64	28.07	3.12	房地产业
荣盛发展	292	28.56	20.04	3.51	房地产业
保利地产	1 023	117.65	20.07	3.48	房地产业
雅戈尔	353	29.65	22.30	5.35	房地产业
上港集团	1 182	61.95	12.23	2.81	交通运输
外运发展	158	7.70	12.42	2.69	交通运输
山东高速	255	25.51	12.60	3.12	交通运输
宁沪高速	431	25.96	12.59	4.48	交通运输
深高速	157	14.86	16.47	4.12	交通运输
唐山港	157	10.59	15.34	3.47	交通运输
大秦铁路	957	131.75	16.13	7.33	交通运输

表8-4(续)

证券简称	市值/亿元	三年平均净利润/亿元	两年平均ROE/%	股息率/%	行业
招商银行	4 290	551.17	18.19	4.02	金融业
中航资本	528	16.56	16.54	2.67	金融业
交通银行	3 673	648.91	14.01	4.78	金融业
中信银行	2 530	403.42	15.51	3.56	金融业

（二）优先股投资产品的发展空间

1. 优先股满足居民投资需求

我国城乡居民储蓄存款余额年复合增长率高达16%，蕴含着巨大的投资需求。在通货膨胀背景下银行存款面临贬值的风险，如在2007年2月至2008年10月银行一年期存款利率连续21个月低于消费者物价指数（CPI）；2010年2月至2012年1月再次出现连续24个月的存款利率与CPI的倒挂，巨量的居民财富与较低的资产配置效率之间的矛盾日益凸显。从发展的角度讲，国内居民潜在投资需求空间也非常广阔，其中关键点仍是金融市场的发展及金融产品的创新。据统计，52%的国内居民财富体现为现金和存款，资产配置效率偏低。从整体来看，随着国民经济的增长，居民财富也稳步增加，但由于可选择金融投资工具较为缺乏，大量居民财富仍以现金和银行存款的形式存在，资产配置效率低下。

优先股的股息率远远高于银行存款利率。2015—2016年，随着无风险利率的下滑，我国优先股股息率下降到4.2%~7%，而同期三年期存款利率（整存整取）只有2.75%。当然优先股投资的风险相对定期存款要高，但是比普通股投资的风险要低。这满足了一部分风险中性偏好的投资者的投资需求。一方面，由于A股市场的低迷，投资者觉得风险太高而不愿意进入。另一方面，投资者又认为银行存款收益率较低。这一部分投资者就是潜在的优先股投资者。这一部分投资者在证券市场中还占有比较高的比重。

虽然个人直接参与优先股的发行还受到一定的限制（目前要求个人投资

者参与优先股的条件为名下各类证券账户、资金账户、资产管理账户的资产总额不低于 500 万元），但可以将资金交由专业机构进行投资，通过专业投资机构参与优先股的发行和投资；或者可以投资以优先股为基础资产设计的金融产品以及在二级市场中参与优先股投资。未来优先股试点阶段结束，优先股公开发行的条件会放松，投资者门槛也会降低。

参照发达国家市场经验，随着国内资产管理市场的发展，国内巨量储蓄存款将逐渐通过专业资产管理机构实现资产的优化配置。美国的资产管理规模已经达到其 GDP 的 2 倍左右，日本的资产管理规模更是达到其 GDP 的 3 倍，而中国的资产管理规模只占到其 GDP 的 30% 左右，未来国内居民储蓄存款向专业资产管理机构转移的空间巨大。

2. 优先股为资产管理机构提供良好的投资标的

优先股产品设计弹性空间大，丰富了机构投资者可选择的金融产品种类。随着金融改革进程的加快，资产管理业务回归主动管理是大势所趋。优先股在保证优先分红权以及优先清偿权的基础上，其他很多设计都非常灵活。考虑到优先股具体产品设计的弹性空间，与其把优先股当成单一的金融工具，我们更愿将其视为一系列金融产品的集合，这样一来便更加凸显优先股对于当前金融市场产品的补充作用。

优先股为资产管理机构提供了良好的投资标的。特别是在目前国内社会保障体制逐步完善的背景下，各类社保基金稳定增长，已经形成初具规模的可投资资产，优先股的推出对社保基金的资产配置意义重大。全国社保基金累计结余已超 5 万亿元，其中 96% 为银行存款，资产保值增值压力大。作为稳健型基金，国家对于社保基金的资产配置结构要求严格（见表 8-5）。社保基金投资范围由最初的仅限于银行存款、股票和国债等几个品种，又增加了企业债、直接股权投资、信托投资等品种。出于稳健性考虑，国家对各部分投资比例也做了限定。养老保险个人账户要求更为严格，目前只能投资于银行存款和在一级市场购买国债。

表 8-5　社保基金资产配置结构限制

资产类型	社会保障基金	基本养老保险个人账户
存款、国债及金融债	不低于 40%	
企业债	不超过 10%	
股票及基金	不超过 40%	
境外投资	不超过 20%	只能投资于银行存款和在一级市场购买债券
直接股权投资	不超过 20%	
股权投资基金	不超过 10%	
信托投资	不超过 5%	

　　优先股作为稳健型金融工具，是社保基金很好的投资标的。目前我国金融市场并未提供丰富的稳健型金融工具，优先股有望打开稳健型机构投资者的资金配置空间。

　　对于保险机构而言，优先股也是非常适宜的投资品种。当前，我国保险行业保费收入持续增长。2015 年，产险公司原保险保费收入为 8 423.26 亿元，同比增长 11.65%；寿险公司原保险保费收入为 15 859.13 亿元，同比增长 24.97%。负债端增长的同时，保险公司却面临资产端的"资产荒"。而优先股充分匹配保险资金特征及投资需求，能够获得保险资金的青睐。保险公司的负债具有长期性，回报率更偏重于稳定性，因此保险公司倾向于投资能够提供稳定回报且收益率较高的长期品种，优先股符合保险资金配置的特征。虽然目前优先股在流动性、退出机制等方面存在缺陷，但是发行主体资质较好的高等级优先股，在收益率、安全性和稳定性方面仍然具有较强吸引力。

　　2014 年 10 月 17 日发布的《中国保监会关于保险资金投资优先股有关事项的通知》，明确规定保险资金可以直接投资优先股，也可以委托符合《保险资金委托投资管理暂行办法》规定条件的投资管理人投资优先股。保险机构投资优先股，应当具备相应的投资管理能力。保险资金投资优先股，应当具备完善的决策流程和内控机制。保险公司在一级市场投资优先股，应当由董事会或董事会授权机构逐项决策，形成书面决议；在二级市场投资优先股，

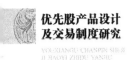

应当制定明确的逐级授权制度。保险资金投资的优先股，应当具有 A 级或相
当于 A 级以上的长期信用等级。

因此，在大量的居民存款寻找投资标的的情况下，结合保险资金、社保
基金、企业年金等有长期固定收益投资需求的资金，未来优先股投资产品的
发展空间将非常巨大。

（三）优先股交易规模的发展空间

我国优先股的交易（转让）规模在 2014 年为 4.27 亿元，在 2015 年爆发
式增长到 48.24 亿元，交易（转让）规模是 2014 年的约 11.3 倍。2016 年上
半年，优先股的交易（转让）规模是 11.3 亿元，相对于 2015 年的成交规模
略有缩小。未来随着优先股发行规模和存量规模的不断上升，优先股的流动
性将越来越好，流动性的增强进一步刺激优先股交易量的攀升。因此，
2016—2020 年，优先股的成交量会保持年均 30% 的增长速度。按照这个增长
速度测算，2020 年，优先股的年成交规模将达到 179.11 亿元（见图 8-1）。
这个规模相对于 A 股普通股的交易规模来看是很小的，但是就优先股处于试
点阶段的实际情况而言已经是很大的进步了。

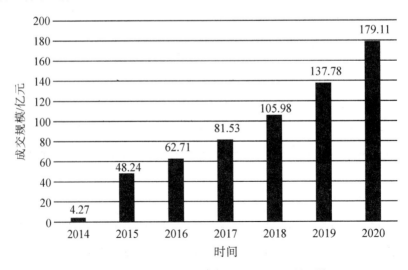

图 8-1　2016—2020 年我国优先股成交规模测算

二、优先股市场对证券公司业务的影响

（一）优先股融资产品推动"大投行"业务发展

优先股发行的承销保荐必须由证券公司来完成，这可以提高券商保荐承销收入，增加业务品种，推动券商"大投行"业务的发展。在以往的优先股发行案例中（见表 8-6），优先股发行费率最高的是中国电建，发行费率为2.04%。这和中国电建发行优先股用于兼并重组而发行难度较大有关。优先股发行费率最低的是银行类优先股，如农行优 2、中行优 2、华夏优 1 等，发行费率只有 0.11%。总体看来，我国优先股募集总额 3 558 亿元，发行费用7.45 亿元，平均发行费率为 0.21%。相对于美国富国银行和高盛集团优先股1%~3%的发行费率，我国优先股的发行费率相当低廉。

表 8-6 我国优先股发行费率和保荐人/主承销商

证券简称	发行人	募集总额/万元	发行费用/万元	发行费率/%	保荐人/主承销商
农行优 1	农业银行	4 000 000	5 590	0.14	中信证券
中行优 1	中国银行	3 200 000	3 819	0.12	中信证券、中银国际
浦发优 1	浦发银行	1 500 000	4 017	0.27	中信证券、国泰君安
兴业优 1	兴业银行	1 300 000	4 183	0.32	中信证券、兴业证券
康美优 1	康美药业	300 000	3 230	1.09	广发证券
中建优 1	中国建筑	1 500 000	2 459	0.16	中金公司
浦发优 2	浦发银行	1 500 000	3 937	0.26	中信证券、国泰君安
农行优 2	农业银行	4 000 000	4 534	0.11	中信证券
中行优 2	中国银行	2 800 000	3 022	0.11	中信证券、中银国际
兴业优 2	兴业银行	1 300 000	5 284	0.41	中信证券、兴业证券
光大优 1	光大银行	2 000 000	3 000	0.15	瑞银证券、光大证券

表8-6(续)

证券简称	发行人	募集总额/万元	发行费用/万元	发行费率/%	保荐人/主承销商
中原优1	中原高速	340 000	2 889	0.86	国信证券
中交优1	中国交建	900 000	2 032	0.23	中信证券
电建优1	中国电建	200 000	4 006	2.04	中信建投、中信证券
中交优2	中国交建	550 000	1 127	0.21	中信证券
宁行优1	宁波银行	485 000	2 531	0.52	中信证券
工行优1	工商银行	4 500 000	5 334	0.12	国泰君安
北银优1	北京银行	490 000	2 812	0.58	摩根士丹利华鑫证券
南银优1	南京银行	490 000	2 619	0.54	东吴证券、南京证券
平银优1	平安银行	2 000 000	4 750	0.24	国泰君安、平安证券
晨鸣优1	晨鸣纸业	225 000	1 125	0.50	中泰证券
华夏优1	华夏银行	2 000 000	2 209	0.11	中信建投证券

但是，我国优先股的保荐人和主承销商是高度集中的，中信证券、中信建投证券、国泰君安证券占了优先股保荐发行市场的大部分份额。广发证券、国信证券、中金公司各有1只保荐承销。一些地方企业由本地的券商保荐承销，如晨鸣优1由中泰证券承销，南银优1由东吴证券和南京证券保荐承销。总体看来，当前优先股保荐承销市场都是由大型券商主导，中小型券商未能进入这个市场。

如果优先股市场按照前文的测算的结果增长，同时保荐承销费率在0.21%~0.5%波动，那么我国券商优先股保荐承销收入测算如表8-7所示。

表8-7　我国券商优先股保荐承销收入测算

项目	2016年	2017年	2018年	2019年	2020年
优先股融资规模/亿元	3 240	3 726	4 285	4 928	5 667
保荐承销费率/%	0.21	0.21	0.21	0.21	0.21
保荐承销收入/亿元	6.80	7.82	9.00	10.35	11.90

按照 0.21% 的保荐承销费率计算，2020 年，券商优先股保荐承销收入可达到 12 亿元左右。

（二）优先股投资产品推动"大资管"业务发展

当前我国优先股的非公开发行决定了大多数个人投资者不能直接投资优先股。因此，券商可以发行投资优先股的资产管理产品，如前文所述的优先股集合资产管理计划，从而增加券商资产管理产品的品种和规模，提高资产管理收入，推动券商"大资管"业务的发展。2020 年，优先股市场存量规模达到 2 万亿~3 万亿元，其中 10% 通过证券公司优先股资产管理计划投资，即优先股资产管理计划规模达到 2 000 亿~3 000 亿元，按照 0.5% 的管理费率计算，券商可以收取管理费用 10 亿~15 亿元。

此外，未来优先股公开发行以后，券商的基金子公司也可以设立优先股 ETF 基金，如美国发行了比较多的优先股 ETF 基金。

（三）优先股交易转让推动"大经纪"业务发展

优先股发行和优先股投资的活跃必然会使得优先股交易或成交数量和金额上升，为券商带来股票交易的佣金收入，推动"大经纪"业务的发展。我国优先股从 2014 年年底开始发行，2014 年转让金额为 4.27 亿元，2015 年转让金额为 48.24 亿元，截至 2016 年 5 月 31 日转让金额为 11.3 亿元。如果优先股交易或转让金额以 30% 的增长率增长，那么 2020 年，优先股成交金额及券商的佣金收入测算如表 8-8 所示。

表 8-8　优先股成交金额及券商的佣金收入测算

项目	2014 年	2015 年	2016 年	2017 年	2018 年	2019 年	2020 年
成交金额/亿元	4.27	48.24	62.71	81.53	105.98	137.78	179.11
佣金费率/%	0.10	0.10	0.10	0.10	0.10	0.10	0.10
佣金收入/亿元	0.004	0.048	0.063	0.082	0.106	0.138	0.179

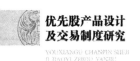

2020 年，优先股成交金额按照每年 30%的速度增长至 179.11 亿元，按照
0.1%的佣金费率计算，券商优先股交易或转让的佣金为 0.179 亿元。2015
年，券商经纪业务收入为 3 106.35 亿元。因此，虽然优先股转让或交易的佣
金收入与券商的经纪业务收入相比，金额较小，但会成为券商"大经纪"业
务的一个组成部分。

第九章
结论、建议与研究展望

一、结论

本书以优先股产品设计为研究主线，通过对美国和中国优先股发展历史与现状的比较，对国务院、中国证监会、中国银保监会以及交易所优先股的相关政策的解读，对富国银行、高盛集团等国际知名企业以及我国 A 股市场农业银行、中国电建等上市公司优先股发行案例的剖析，系统梳理、归纳和总结了优先股产品设计、在资本市场的应用、定价交易以及风险管理的理论和实践，得出以下结论：

第一，从美国优先股制度演变过程可以发现，优先股的产生、制度的初步建立、大危机过后优先股制度陷入困境到优先股制度的改进和逐步完善都是特定历史经济背景下的产物。19 世纪末 20 世纪初优先股推进了美国的工业化进程，二战后优先股撬动了资本与创新的结合，成为风险投资的重要工具，推进了电信、互联网以及生物制药等新兴产业的发展，同时成为金融行业补充资本金的重要工具。在某种程度上美国优先股的发展经验可以借鉴到我国，优先股可以成为我国金融业、基础设施建设、并购重组、风险投资等领域的重要融资工具。

第二，我国优先股发行（融资）产品的设计要注意优先股股东和普通股股东之间、普通股大股东和中小股东之间权益的平衡，要尽可能降低优先股的发行成本和融资成本，并有效控制发行风险。优先股要灵活运用各类设计元素，如股息率、是否可赎回、是否可转换、是否可参与普通股利润分配以及表决权的限制与恢复等，以满足融资方的需求。优先股发行人，即融资方一般有四类：一是商业银行等金融机构，发行优先股可以补充一级资本，满足资本充足率的监管要求；二是资金需求量较大、现金流稳定的公司，发行优先股可以补充低成本的长期资金，降低资产负债率，改善公司的财务结构；三是创业期、成长初期的公司，股票估值较低，发行优先股可以在不稀释控制权的情况下融资；四是进行并购重组的公司，发行优先股可以作为收购资产或换股的支付工具。

商业银行优先股融资用于补充一级资本，其产品设计应是不可累积、可转换、非参与的永久优先股；制造业优先股一般用于还债和补充流动资金，其股息率相对较高；建筑业优先股用于项目建设等，其资金需求时间长，需要控制利率风险；新兴产业优先股为吸引投资者一般会采取股息可累积，或者拥有回售权等有利于投资人的条款。优先股作为并购重组支付工具一般用于控股股东资产注入，产品设计上需要平衡普通股大股东和中小股东之间的权益，股息率不宜过高。反并购和创业融资类优先股都需要可转换设计。上证50板块是我国优先股发行最集中的板块，上市公司是各个行业的代表，其优先股产品设计的特点在于可以公开发行优先股。"新三板"优先股的特点是备案发行，其挂牌公司的实力较弱，优先股在设计上需要更多地保护投资人的权益。

第三，优先股投资产品的投资策略包括持有策略、交易策略、转换策略和杠杆策略等。优先股投资产品面临赎回风险、优先股信用风险、价格波动风险和流动性风险等，需要采用定期赎回、建立优先股信用评级体系、设置投资比例、严格限制杠杆以及投资公开发行或可质押优先股的措施来管理风险。

第四，未来我国优先股还有较大的发展空间，随着直接融资的增加以及股债结合融资方式的发展，2020年优先股融资规模会达到5 000亿元左右。充沛的居民存款决定了优先股投资产品也会大量增长。优先股融资产品将为证券公司带来承销保荐的业务收入，推动"大投行"业务的发展。优先股投资产品的发展有利于优先股资产管理收入的增长，推动"大资管"业务的发展。优先股的交易和转让为券商带来佣金收入，推动"大经纪"业务的发展。

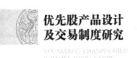

二、建议

（一）政策建议

1. 鼓励上市公司公开发行优先股

根据《优先股试点管理办法》的规定，试点阶段，上证 50 指数成份股上市公司发行优先股可以采取非公开发行和公开发行两种模式。公开发行的优点是显而易见的，没有投资者人数的限制，筹集资金的渠道更多，广大的个人投资者也能参与优先股的投资。但是为什么上市公司不约而同地都采取了非公开发行的模式呢？这是出于以下几个方面的原因：

一是政策上的限制。《优先股试点管理办法》虽然允许上证 50 指数成份股上市公司以公开方式发行优先股，但是中国银保监会对商业银行以公开方式发行优先股做出了限制。《中国银保监会 中国证监会关于商业银行发行优先股补充一级资本的指导意见（修订）》规定："商业银行应设置将优先股强制转换为普通股的条款……商业银行发行包含强制转换为普通股条款的优先股，应采取非公开方式发行。"这就意味着我国商业银行发行优先股只能以非公开方式发行。

二是非公开发行条款设计更灵活。上市公司公开发行优先股必须采用固定股息率和股息可累积的设计条款，在盈利条件下必须强制性分红。非公开发行优先股则没有这些限制条件，上市公司可以采用浮动利率设计规避利率风险，通过股息不可累积和非强制性分红规避违约风险等。

三是非公开发行更容易核准。监管机构对优先股是否影响 A 股市场还有一定程度的担忧。公开发行优先股是否对 A 股市场资金形成"抽血效应"还不好判断，而采用非公开方式发行优先股，对象主要是机构投资者，对 A 股市场冲击较小。因此，监管机构对公开方式发行优先股的核准将更为慎重，上市公司以公开方式发行优先股不容易得到监管机构的核准。

以上这些原因削弱了上市公司公开发行优先股的积极性，非公开方式发行的弊端就是合格投资者范围狭小，优先股的流动性风险较大。没有广大中小投资者的积极参与，一个繁荣的、具有高度流动性的二级市场就无法真正建立起来。没有一个成熟的二级市场，机构投资者投资优先股的积极性也会减弱。不管是基金、信托还是资产管理产品，都有可能在某一时点面临较大的赎回压力。如果某只基金或资产管理产品重仓优先股，在面临赎回压力时却无法迅速在二级市场上找到交易对象，只能折价出售，就有可能造成较大的损失。因此，优先股发行不能只有少数机构投资者参与。

中国证监会应当采取措施鼓励上市公司以公开方式发行优先股，对《优先股试点管理办法》进行调整。

一是放开只有上证 50 指数成份股上市公司才能公开发行优先股的限制。上证 50 板块有可能调整，如建设银行就调出了上证 50 板块。中国证监会可以采用营业收入、净利润等财务指标来作为核准发行人是否具备公开发行优先股的条件。

二是取消采取固定股息率的限制。固定股息率虽然降低了投资者的投资风险，但是却加大了公司的融资风险。如果股息率大幅度高于市场利率，上市公司也会选择赎回优先股，不利于融资方和投资方实现双赢。

三是放松必须在盈利条件下发放股息的限制。中国证监会应将在有可分配税后利润的情况下必须向优先股股东分配股息修改为在有可分配税后利润的情况下应向优先股股东分配股息，在未完全派发优先股股息前，不得向普通股股东分配利润。

四是放松股息必须累积的限制，增加投资者的回售权。中国证监会应将未向优先股股东足额派发股息的差额部分应当累积到下一个会计年度修改为连续两年或累积三年未足额派发股息的，投资者可向上市公司回售其所持有的优先股。这样一方面调动了上市公司公开发行优先股的积极性，另一方面也尽可能地保护了中小投资者的合法权益。

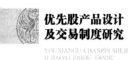

2. 放开可转换优先股的限制

《国务院关于开展优先股试点的指导意见》并不禁止可转换优先股的发行，但是中国证监会《优先股试点管理办法》却规定了除商业银行外，不得发行可转换为普通股的优先股。《优先股试点管理办法（征求意见稿）》中有优先股转换为普通股的条款。该征求意见稿第三十三条规定："上市公司发行可以转换为普通股的优先股，自发行结束之日起三十六个月后方可转换为普通股。"第三十四条规定："上市公司公开发行优先股的，如设有转换条款，转换价格应不低于募集说明书公告日前二十个交易日公司普通股股票均价和前一交易日的均价；非公开发行优先股的，转换价格应不低于董事会决议公告日前二十个交易日公司普通股股票均价。转换价格是指事先约定的优先股转换为每股普通股所支付的价格。"但是，在正式发布的《优先股试点管理办法》中却取消了转换为普通股的内容。中国证监会作出这一决定的考量是担心优先股转换为普通股会对 A 股市场造成冲击，造成普通股股价下跌。

《优先股试点管理办法》经 2013 年 12 月 9 日中国证券监督管理委员会第 16 次主席办公会会议审议通过，以 2014 年 3 月 21 日中国证券监督管理委员会令第 97 号公布。当时，A 股市场的行情异常低迷，中国股市在 2 000 点左右震荡。中国证监会从 2012 年 11 月 3 日至 2014 年 1 月停止 IPO 达 14 个月之久，于是中国当时的市场环境对于普通股的扩容非常敏感，于是中国证监会做出了不能发行可转换优先股的决定。

但是，可转换是优先股最为重要的特征之一，失去了可转换特征，优先股的股性特征大为削弱，更多地表现为债性特征。在并购与反并购以及风险投资中，可转换优先股才是重要的工具。没有可转换性，优先股就不能再并购市场和风险投资市场中发挥作用。不能发行可转换优先股也是我国除银行外的上市公司不愿意采用优先股融资的重要原因。因此，中国证监会应该在试点阶段结束后，允许上市公司发行可转换优先股。

（二）券商业务布局

券商应加大对优先股的业务布局。现在我国仍处于优先股试点阶段，政策层面相对比较保守。当我国由试点阶段转为正式实施阶段，某些限制性政策应该会放开。例如，公开发行优先股的限制、发行可转换优先股的限制等。未来，优先股的发行规模以及投资产品的规模都将出现大幅度上升，券商应该从保荐承销、资产管理、经纪交易等业务线条上加大对优先股的布局力度。券商投行部门应该在金融、房地产、公共事业、建筑等长期资金需求较大的行业储备优先股项目。优先股的保荐承销费率相对普通股虽然较低，但是相对债券承销费率较高。优质上市公司发行优先股，特别是银行类优先股，由于主体评级和优先股评价都很高，发行难度相对较小，发行金额较大，规模效应较为突出。未来，随着政策的放开和市场的逐步完善，上市公司发行优先股将越来越普遍，券商优先股保荐收入将有一定程度的增长。

在板块方面，"新三板"会是未来优先股发行的重要市场。如果优先股可转换条款放开，"新三板"挂牌公司股票的定向增发很大一部分都将采取可转换优先股的形式，即在"新三板"市场获得优先股固定收益。如果"新三板"转为创业板，优先股可以转为普通股，获得流动性溢价。券商资产管理部门可以设立投资优先股的资产管理计划，主要形式是优先股集合资产管理计划，投资对象是优先股，募集对象是希望投资优先股而不符合投资者适当性管理标准的个人投资者和实力不足的中小机构投资者。券商的基金子公司可以在条件成熟的情况下推出优先股 ETF 产品等。券商的直接投资部门也可以考虑将优先股作为直接投资的重要工具。

三、研究展望

　　未来，研究者可以进行优先股衍生产品设计的研究。我国优先股发行数量较少，市场还处于初级阶段，因此对于优先股衍生产品的研究尚未展开。但是，优先股的衍生产品也是一项较为重要的内容，可以在优先股市场逐步完善之后推行。未来，为反映优先股市场的整体状况，研究者可以编制优先股指数，优先股指数能够为优先股 ETF 产品发展提供基础指数。在优先股指数的基础上，研究者还可以研究优先股股指期货和优先股股指期权等衍生产品。

参考文献

中文文献：

[1] 何诚颖：关于开展优先股试点的指导意见解读［EB/OL］.（2013-12-02）［2021-07-31］. http://stock.hexun.com/2013-12-02/160213572.html.

[2] 刘英，陈学识，吕秋红. 我国发行优先股的定价及设计研究［Z］. 国信证券发展研究报告，2013.

[3] 曹立. 优先股与公司制度创新［M］. 北京：中国财政经济出版社，2014.

[4] 吴福明. 近代银行优先股的演进［J］. 中国银行业，2016(2)：107-109.

[5] 李经纬，余丰，王新晨. 新三板公司如何对优先股善加利用：理论分析与实证检验［J］. 经济论坛，2016（2）：58-64.

[6] 李青原，张泓语. 上市公司优先股融资的抉择：由广汇能源终止优先股发行引发的思考［J］. 财务与会计，2016（2）：35-37.

[7] 郭岩伟. 论近代外商在华企业的优先股制度：兼与华商企业比较［J］. 中国经济史研究，2016（1）：81-94.

[8] 齐萌. 公司优先股制度发展的反思与完善［J］. 现代管理科学，2014（12）：115-117.

[9] 毛金龙，唐梦龙. 农业银行优先股发行方案解读［J］. 农村金融研究，2014（12）：25-29.

[10] 付微，李媛琳.农行发行优先股的会计核算以及财务影响 [J].农村金融研究，2014 (12)：30-34.

[11] 刘胜军.类别表决权：类别股股东保护与公司行为自由的衡平：兼评《优先股试点管理办法》第10条 [J].法学评论，2015 (1)：98-113.

[12] 林振兴，屈文洲，庄江波.国外优先股研究：信息披露、发行动因及经济后果 [J].会计与经济研究，2014 (6)：36-47.

[13] 纪玲珑.我国科技型企业发行优先股融资相关问题探讨 [J].会计之友，2015 (7)：58-60.

[14] 李朝芳.优先股发行对我国商业银行可持续发展的影响：基于11家上市商业银行优先股发行预案的研究 [J].浙江金融，2015 (3)：46-51.

[15] 朱文莉，刘羽萌.我国商业银行优先股发行问题研究 [J].天津商业大学学报，2015 (2)：30-33，61.

[16] 白鸥.优先股试点期间中小投资者权益保护问题 [J].沈阳大学学报（社会科学版），2015 (2)：169-171.

[17] 樊纲，丁楹.优先股在金融危机中的应用及其启示 [J].北京航空航天大学学报（社会科学版），2015 (3)：86-91.

[18] 谷世英.论我国优先股股东权利保护制度的完善 [J].上海金融，2015 (5)：50-55.

[19] 杨露.探索我国永续债券发展之路：以恒大地产发行类优先股为例 [J].中国管理信息化，2015 (10)：153-154.

[20] 陈浩，王国俊.国内外优先股融资研究：文献回顾与研究展望 [J].学海，2015 (4)：126-132.

[21] 王鑫，刘艳萍，李云焕.利用可转换优先股解决企业激励问题探析 [J].当代经济，2015 (28)：52-53.

[22] 李兰云，许慧敏，马燕.优先股发行对上市公司年度报告的影响分析：以广汇能源为例 [J].财会通讯，2015 (32)：81-82.

[23] 王丹，王吟.如何发挥优先股的投资优势：以巴菲特投资优先股的成功经验为例 [J].现代商业，2014 (5)：33.

[24] 全先银. 优先股与商业银行改革 [J]. 中国金融, 2014 (2): 57-58.

[25] 杨海平, 陈明. 当前中国商业银行发行优先股问题研究 [J]. 浙江金融, 2014 (2): 32-34.

[26] 王金波. 优先股在创新型经济中应用的几点启示: 以赴美上市互联网企业为例 [J]. 证券市场导报, 2014 (4): 1.

[27] 丁楹. 优先股制度试点的意义 [J]. 中国金融, 2014 (5): 79-80.

[28] 薛磊荣, 周文渊. 优先股试点详解及其对债市的影响分析 [J]. 债券, 2014 (4): 46-51.

[29] 李经纬, 葛帮亮, 李昇. 国际视野下的我国优先股政策研究: 基于券商视角 [J]. 经济论坛, 2014 (3): 96-102.

[30] 杨国俊. 金融负债与权益工具的划分: 以优先股为例 [J]. 财政监督, 2014 (11): 15-16.

[31] 王文乐. 优先股的特征和我国的制度设计 [J]. 科技广场, 2014 (3): 104-112.

[32] 朱明芳. 优先股试点是我国资本市场发展的重要一步 [J]. 发展研究, 2014 (5): 23-26.

[33] 杨洋. 非公开发行不应成为我国优先股发行的主要模式 [J]. 特区经济, 2014 (8): 10.

[34] 李锋. 优先股在中国证券市场的实践研究 [J]. 全国商情 (经济理论研究), 2014 (11): 57-58.

[35] 马广奇, 杨靖. 借鉴国外经验构建我国优先股制度 [J]. 武汉金融, 2014 (9): 42-44.

[36] 陈静. 优先股的风险特征 [J]. 中国金融, 2014 (17): 61-63.

[37] 高岚, 刘凤元. 优先股制度在美国风险投资中的应用探析 [J]. 现代管理科学, 2014 (10): 33-35.

[38] 杜瑶. 康美药业: 优先股发行推动全产业链布局 [J]. 股市动态分析, 2014 (40): 46-47.

[39] 杨莎. 优先股在我国的应用前景研究 [J]. 管理观察, 2014 (24):
85-86, 89.

[40] 段爱群. 优先股的会计和税务处理 [J]. 财务与会计, 2013 (8):
20-21.

[41] 黄宁. 从美国实践看我国银行业引入优先股的意义 [J]. 南方金融,
2013 (8): 50-52, 49.

[42] 聂孝红. 优先股在企业并购融资中的优势 [J]. 公民与法 (法学),
2011 (2): 10-12.

[43] 宣颀, 赵美珍. 美国风险投资优先股制度的演进与运用 [J]. 经济
导刊, 2011 (10): 7-8.

[44] 潘蓉. 参与型可转换优先股在风险资本退出中的信号传递作用 [J].
经济师, 2008 (4): 84-85, 88.

[45] 李姚矿, 陈德棉. 参与型可转换优先股与最优风险投资退出
决策 [J]. 系统工程学报, 2004 (5): 445-450.

[46] 姚佐文, 陈晓剑, 崔浩. 可转换优先股与风险投资的有效退出 [J].
管理科学学报, 2003 (1): 92-96.

[47] 余晓明. 可转换优先股在风险投资中的运用 [J]. 技术经济与管理
研究, 2003 (6): 50-51.

[48] 杜莉, 姚鑫. 我国金融工具创新的路径选择之一: 将优先股引入企业
股份结构 [J]. 吉林大学社会科学学报, 2002 (1): 38-43.

[49] 佘世宽. 中国优先股制度研究 [D]. 广州: 华南理工大学, 2014.

[50] 马涛. 金融负债和权益工具区分问题研究 [D]. 北京: 财政部财政
科学研究所, 2014.

[51] 侯婧. 我国建立优先股制度的若干问题研究 [D]. 长春: 吉林财经
大学, 2014.

[52] 刘菡. 商业银行优先股融资问题研究 [D]. 北京: 财政部财政科学
研究所, 2015.

［53］王旭超. 多视角下国有上市公司优先股适用性研究［D］. 北京：首都经济贸易大学，2015.

［54］郑诗洁. 我国优先股制度研究［D］. 上海：复旦大学，2014.

［55］吴漳平. 中国优先股的发行策略研究［D］. 厦门：厦门大学，2013.

［56］刘文君. 风险投资中优先股制度研究［D］. 长春：吉林大学，2015.

［57］丁军委. 优先股作为企业并购支付方式法律问题研究［D］. 长春：吉林大学，2015.

［58］冯芸. 金融负债与权益工具的区分及处理［D］. 昆明：云南大学，2015.

［59］张舟. PE 投资者优先股制度研究［D］. 苏州：苏州大学，2013.

［60］袁媛. 优先股制度研究［D］. 上海：复旦大学，2008.

［61］叶陶冶. 中国发展优先股制度研究［D］. 上海：上海交通大学，2008.

［62］于涛. 我国企业优先股融资研究［D］. 昆明：云南大学，2011.

［63］朱晓琪. 两阶段融资条件下可转换优先股在风险投资中的应用［D］. 武汉：华中科技大学，2009.

外文文献：

［1］ADMATI A PFLEIDERER, P ROBUST. Financial contracting and the role of venture capitalists［J］. Journal of Finance, 1994（6）：225-239.

［2］BASCHA A, WALZ U. Convertible securities and optimal exit decision venture capital finance［J］. Journal of Corporate Finance, 2001, 7（3）：285-306.

［3］BATJARGAL B, LIU M. Entrepreneurs' access to private equity in china：the role of social capital［J］. Organization Science, 2004, 15（2）：159-172.

［4］BERGEMANN D, U HEGE. Venture capital financing, moral hazard and learning［J］Journal of Banking and Finance, 1998, 22（6-8）：703-735.

［5］BRENNEN M, SCHWARTZ E. The case for convertibles［J］. Journal of Applied Corporate Finance, 1988（2）：55-64.

[6] BRUTON G D, FRIED V H, MANIGART S. Institutional influences on the worldwide expansion of venture capital [J]. Entrepreneurship: Theory & Practice, 2005 (11): 737-760.

[7] CASAMATTA C, C HARITCHABALET. Experience, screening and syndication in venture capital investments [J]. Journal of Financial Intermediation, 2007, 16 (3): 368-395.

[8] CASAMATTA C. Financing and advising: optimal financial contracts with venture capitalists [D]. Toulouse: University of Toulouse, 2001.

[9] ENGEL E, ERICKSON M, MAYDEW E. Debt-equity hybrid securities [J]. Journal of Accounting Research, 1999, 37 (2): 1-23.

[10] FERGUSSON D. Recent developments in preferred stock financing [J]. The Journal of Finance, 1952, 7 (3): 447-462.

[11] COCHRANE, JOHN H. The risk and venture capital [D]. Chicago: University of Chicago, 2004.

[12] CORNELLI F, O YOSHA. Stage financing and the role of convertible debt [J]. Review of Economic Studies, 2003, 70 (1): 1-32.

[13] DEWATRIPONT M, TIROLE J. A theory of debt and equity: Diversity of securities and manager - shareholder congruence [J]. Quarterly Journal of Economics, 1994, 109: 1027-1057.

[14] FISCHER D, WILT G. Non-convertible preferred stock as a financing instrument, 1950-1965 [J]. The Journal of Finance, 1968, 23 (4): 611-624.

[15] FRANKLIN ALLEN, WEI-LING SONG. Venture capital and corporate governance [Z]. The Wharton Financial Institutioin Center, 2002.

[16] GOMPERS P. Optimal investment, monitoring, and the staging of venture capital [J]. Journal of Finance, 1995, 50: 1461-1490.

[17] GOMPERS P. Ownership and control in entrepreneurial firms: an examination of convertible securities in venture capital [D]. Boston: Harvard Business School, 1997.

[18] HEBERTON EVANS G. Preferred stock in the United States, 1850-1878 [J]. The American Economic Review, 1931, 21 (1): 56-62.

[19] HEGDE S, KRISHNAN K. Choice between mandatory and ordinary convertible securities: an examination of signaling and agency effects [Z]. Paper Presented at the Eastern Finance Association Meeting, 2003.

[20] HELLMANN T. IPOs, acquisitions and the use of convertible securities in venture capital [D]. San Francisco: Stanford University, 2002.

[21] KAPLAN S, SCHOAR A. Private equity performance: Returns, persistence and capital flows [J]. The Journal of Finance, 2005, 60 (4): 1791-1823.

[22] SORENSEN E. On the pricing of preferred stock [J]. The Journal of Financial and Quantitative Analysis, 1981, 16 (4): 515-528.

[23] WILSEY L H. The use of sinking funds in preferred stock issues [J]. Journal of Finance, 1947, 2 (2): 31-42.

[24] LINN S, J PINEGAR. The effect of issuing preferred stock on common and preferred stockholder wealth [J]. Journal of Financial Economics, 1988, 22: 155-184.

[25] MUHAMMAD AKRAM NASEEM, et al. Capital structure and corporate governance: the role of hybrid financial instruments [J]. Journal of Developing Areas, 2017, 51 (1): 33-47.